WELT-GESCHICHTE IM BILD

von der Urzeit

bis zur Gegenwart

Dieses Buch gehört

VERLAG HANS WITTE

Bilder zu den Geschichtstabellen: Jo. Neumeister
Texte: Redaktion des Schülerlexikons im Verlag Hans Witte
Auswahl der photographischen Dokumentation: Marisa Paltrinieri, Mondadori-Western Publishing, Milano

© 1982 ZEHNTE AUFLAGE, VERLAG HANS WITTE GMBH, 7800 FREIBURG IM BREISGAU

In gleicher Ausstattung Ausgaben in dänischer, englischer, finnischer, französischer, holländischer,
italienischer, norwegischer, schwedischer, serbokroatischer, slowenischer
und spanischer Sprache.

Titelbild: Turnierrüstung aus dem 17. Jh.; unten: Bogenjagd, persische Silberschale;
rechte Seite: Reiter, hellenistische Bronzestatuette.
ISBN 3-87917-004-5
Gesamtherstellung: ◉ Reiff-Druck, 7600 Offenburg

VORWORT

Was ereignete sich in Amerika, während in Europa die Schlachten des Siebenjährigen Krieges geschlagen wurden?

Waren die Araber bereits aus Spanien vertrieben, als Kolumbus Amerika entdeckte?

Solche Fragen sind rasch und sicher beantwortet, wenn Sie einen Blick auf die Geschichtstabellen des vorliegenden Werkes werfen. Denn in diesen Tabellen sind die wichtigsten Ereignisse in der Folge des geschichtlichen Ablaufs aufgeführt, und deshalb ist in engster räumlicher Nachbarschaft zu finden, was sich etwa gleichzeitig ereignete, auch wenn Kontinente und Ozeane die Schauplätze des Geschehens trennen.

Die bunten Bilder, die diese Tabellen umrahmen, sind weit mehr als nur Schmuck und farbenfrohe Zutat. Ihre Folge ist eine äußerst einprägsame Einordnung der Ereignisse in den Ablauf der Geschichte. Vor allem das Beieinander der Bilder zu gleichzeitigen, aber in der Vorstellung nicht verknüpften Ereignissen wird sich als wirksame Stütze des Gedächtnisses erweisen. So zeigt zum Beispiel ein Blick auf die Seite 76, daß zur Zeit der Jungfrau von Orléans die Hanse ihren Höhepunkt erreicht hatte, daß damals Johann Hus in Böhmen lebte und daß die Renaissance sich auszubreiten begann.

Hinter den Eigennamen im Text der Tabelle stehen häufig eingeklammerte Ziffern. Sie bedeuten bei Herrschern deren Regierungszeiten, bei allen anderen Persönlichkeiten deren Lebensdaten.

Auf ein Doppelblatt der Tabelle folgen jeweils zwei Seiten mit Bilddokumenten. Diese Abbildungen zeigen Ausgrabungen und Funde, geschichtlich bedeutende Bauten und zeitgenössische Darstellungen, die ein lebendiges Bild vergangener Ereignisse wie auch der Sitten und Trachten der damals lebenden Menschen vermitteln. Sie sind anschauliche Beweisstücke: „Dokumentationen".

Am Ende des Buches finden Sie ein ausführliches, alphabetisches Register. Es wird Ihnen langes Suchen ersparen, wenn Sie zum Beispiel über Galilei etwas Näheres erfahren wollen, aber nur ungenau wissen, wann er gelebt hat.

Entdeckerfreude beim Suchen und Finden und die stetige, fortschreitende Festigung und Ausweitung Ihres geschichtlichen Weltbildes — daß sich beides bei der Beschäftigung mit diesem Buch vereinigen möge, ist der Wunsch des Verlages.

Urlandschaft mit Riesen-
und Flugsauriern

Urlebewesen:
1 Algen, 2 Urschwämme,
3 Plattwurm, 4 Radiolarien

1 Panzerfisch, 2 Seelilie,
3 Urweichtiere, 4 Trilobit

Uramphibie

etwa 5 Mrd.	Urzeit der Erde: Die Erde ensteht aus Materie des Sonnensystems.
etwa 2 Mrd.	Eine feste Erdkruste hat sich gebildet. Der Kreislauf des Wassers beginnt. Sedimentgesteine werden abgelagert. Die erste Gebirgsbildung setzt ein.
etwa 1 Mrd.	Die ersten primitiven Lebewesen treten im Meer auf: Algen und Schwämme.
etwa 700 Mill.	Es folgen Weichtiere und Krebse.
etwa 500 Mill.	Die Tiere entwickeln feste Schutzskelette; Trilobiten (Dreilappkrebse) mit einem Chitinpanzer und hornschalige Brachiopoden (Armfüßler) tauchen auf. Auch Würmer, Kopffüßler, Schnecken, Seegurken und andere primitive Stachelhäuter breiten sich aus, jedoch noch keine Wirbeltiere.
etwa 400 Mill.	In den feuchten Bereichen des Festlandes wachsen Urfarne. Tausendfüßler und Skorpione sind die ersten Landtiere. Im Meer haben sich Panzerfische — die ersten Wirbeltiere — entwickelt.
etwa 300 Mill.	Bärlappgewächse, Schachtelhalme und Farne bedecken das Festland, das noch vielen Veränderungen (u. a. durch Hebungen und Senkungen) unterworfen wird, bevor es seine heutige Gestalt annimmt. Insekten und Amphibien erscheinen. Im Meer entwickeln sich höhere Fischgattungen (Knochen-, Knorpel- und Lungenfische), außerdem Riesenkrebse; später kommen Ammoniten hinzu.
etwa 250 Mill.	Nadelbäume breiten sich aus. Über weite Strecken bildet sich ein feuchtwarmer Sumpfwald aus mannigfaltigen Bärlapp- und Schachtelhalmgewächsen sowie Riesenfarnen — die Grundlage unserer heutigen Steinkohlenlager. In den Sumpfwäldern leben die ersten Reptilien (Cotylosaurier), in Binnengewässern Panzerlurche. Zahlreiche Arten von Insekten treten auf, u. a. Riesenlibellen. Haie und Rochen beherrschen die Meeresfauna.
etwa 200 Mill.	Die Nadelbäume verdrängen die Farne. Auf dem Festland entstehen weitere Arten der Saurier (Nothosaurus, Dinosaurus). Die ersten Säugetiere erscheinen. Trilobiten, Brachiopoden und altertümliche Fischarten verschwinden; von nun an überwiegen Strahlenflosser, unter ihnen erstmals Flugfische.
etwa 150 Mill.	Auf dem Lande leben bis zu 30 m lange Riesensaurier und Raubsaurier. Im Meer jagen Krokodile und Ichthyosaurier. Flugsaurier gleiten durch die Luft. Der Urvogel (Archaeopteryx) mit Federn und Flügeln entwickelt sich. 20 Mill. Jahre später treten die ersten Blütenpflanzen (Weiden, Pappeln, Eichen und Gräser) auf.
etwa 60 Mill.	Die Saurier sind ausgestorben. Säugetiere (Beuteltiere, Huftiere und Halbaffen) werden immer zahlreicher. Hinzu kommen viele Vogelarten, Schildkröten, Eidechsen und Schlangen. — Die großen Faltengebirge der Jetztzeit entstehen: Pyrenäen, Alpen, Karpaten, Kaukasus und die Hochgebirge Asiens. Ausgedehnter Vulkanismus. Es herrscht subtropisches Klima.

**Zwischeneiszeitliche Landschaft mit
Mammut, Wollnashorn und Urpferd**

etwa 30 Mill.	In subtropischem Klima entstehen Wälder aus Mammutbäumen, Sumpfzypressen, zum Teil auch Palmen. Aus diesen Wäldern haben sich die heutigen Braunkohlenlager gebildet. Viele Tiere der Jetztzeit existieren bereits. Die Primaten — Lemuren, Affen und Menschenaffen (Orang Utan, Gibbon, Gorilla und Schimpanse) — entwickeln sich.

etwa 12 Mill. Auftreten eines Vormenschen (Hominiden); er wird als Ramapithecus bezeichnet und war ca. 1 m groß.

etwa 3 Mill. Der Australopithecus, ein Frühmensch, erscheint. Er erreicht eine Körpergröße von ca. 1,50 m, bewegt sich in aufrechter Haltung und benutzt primitive Werkzeuge wie Kratzer und Schaber.

Urinsekt

600 000 Beginn des Eiszeitalters. Weite Gebiete der Erde werden von einer mächtigen Eisschicht überzogen. Ihre Randzonen haben Tundren- und Steppencharakter; hier leben Mammut, das wollhaarige Nashorn, Höhlenbär, Höhlenlöwe, Urrind, Wildpferd und Rentier. Man unterscheidet vier Eiszeiten, die durch Zwischeneiszeiten voneinander getrennt sind. Die letzte Eiszeit endete vor etwa 20 000 Jahren.

500 000 bis 350 000 In diesem Zeitraum leben Urmenschen mit flacher Stirn, großen Augenbrauenwülsten, starkem Gebiß und fliehendem Kinn. Es wurden Knochenreste bei Heidelberg (Homo heidelbergensis) und Peking (Sinanthropus pekinensis) gefunden. Der Sinanthropus verwendet bereits hammer- und keulenähnliche Werkzeuge aus Stein und ist in der Lage, ein Feuer zu entfachen (Anfänge der Altsteinzeit, Paläolithikum).

Speerspitze aus Flintstein

um 300 000 Der Pithekanthropus erectus, dessen Spuren auf Java entdeckt wurden, benutzt eine Kleidung aus Fellen.

um 150 000 In Europa, Asien und Afrika lebt der Neandertaler, ein nach dem ersten Fundort benannter Frühmensch. Er ähnelt stark dem Urmenschen und verwendet doppelseitig bearbeitete Faustkeile, Schaber und Handspitzen. Der Neandertaler ist ein nomadisierender Höhlenbewohner, der in Horden lebt und jagt. Die Toten werden in Gräbern bestattet.

60 000 Der Neandertaler stirbt aus. Im gleichen Lebensraum erscheint der Homo sapiens mit hochgewölbter Stirn und ausgebildetem Kinn, der direkte Vorfahre des jetzigen Menschen. Man unterscheidet die Aurignac- und Cro-Magnon-Gruppe. Der Homo sapiens jagt mit Speer, Pfeil und Bogen und gebraucht einseitig bearbeitete Steinklingen. Er lebt in Wohnhütten aus Fellen. Die Cro-Magnon-Menschen kennen bereits Nähnadeln aus Knochen und Schmuck aus Elfenbein, Bernstein, Muscheln und Tierzähnen.

20 000 In den Höhlen von Altamira (Spanien), Lascaux (Frankreich) und anderen Orten werden Tiere und Jagdszenen mit Ocker, Rötel, Kohle und Kreide auf den Fels gemalt, vermutlich zu kultischen Zwecken (Jagdzauber).

Felsmaler

Grabstätten aus großen unbehauenen Steinblöcken, sogenannte Dolmen, aus der Jungsteinzeit, Dänemark.

Pfriem aus Knochen, natürliche Größe.

unten: Felsmalerei der Steinzeitjäger aus der nördlichen Sahara. Die Tiere sind das beherrschende Thema der frühgeschichtlichen Kunst.

Schere aus der ältesten Bronzezeit.

unten: Pfeil mit Widerhaken und Lanze mit Steinspitze. Stein, Holz und Knochen sind das Material für Waffen und Werkzeuge der Steinzeitmenschen.

linke Seite: Abdruck einer langblättrigen Annularia, eines Schachtelhalmgewächses mit ringförmig angeordneten Blättern, aus dem Karbon, etwa 250 Mill. Jahre alt.

Babylonischer Tempel

Feldbestellung

Altägyptischer Schmelzofen

Komet

Mensch

Haus

Gerste

Wagen

Gans

Sumerische Bilderschrift

Sumerische Keilschrift

20 000 bis 15 000	Rentier- und Mammutjäger folgen in Europa dem weichenden Eis nach. Sie schnitzen Geräte und Schmuckstücke aus Elfenbein und Knochen.
10 000	Beginn der mittleren Steinzeit, die den Zeitraum bis etwa 3500 umfaßt. Der Mensch bleibt zunächst Jäger und Wildbeuter. Auch in Nordamerika leben bereits Großwildjäger, die — aus Asien kommend — wahrscheinlich auf dem Landweg die Beringstraße überquert haben.
8000–7000	Der Mensch wird seßhaft; Anlagen von Siedlungen in Palästina (Jericho) und Syrien. Wildformen der Gerste und des Weizens bereichern die Nahrung. Hund und Ziege werden als erste Haustiere gezähmt, später auch das Rind.
um 7000	Die Bewohner der nordeuropäischen Seeufer benutzen den Einbaum mit Paddeln. — Auf der Jagd werden Schlitten als Transportmittel verwendet.
7000–6000	Anfänge des Getreideanbaues in den Ländern Vorderasiens.
6000	Die Stadt Jericho wird zum Schutz vor Angriffen mit Ziegelmauern umgeben. — In Südanatolien stellt man Gefäße aus bemaltem und gebranntem Ton her.
5000	Beginn der Kupfergewinnung und -verarbeitung im Nahen Osten.
4000	In Mesopotamien breitet sich städtische Kultur aus: Anlage von Befestigungen und Tempeln aus Ziegelsteinen (Eriud, Tell Asmar, Tell Brak).
um 3500	Beginn der jüngeren Steinzeit (bis etwa 2500). In Mesopotamien, Ägypten und im Industal entstehen erste Hochkulturen, Dorfkulturen am Hoang-ho; Bauernkultur in Europa.
um 3000	Mesopotamien wird von den Sumerern, einem kriegerischen Bauernvolk aus dem östlichen Bergland, erobert. Sie gründen mehrere Stadtstaaten (u. a. Uruk, Ur, Susa, später Babylon), die von Königen als Vertretern der Gottheit beherrscht werden (Theokratie). Die Sumerer errichten zur Verehrung der Stadtgottheiten terrassenförmig angelegte Tempel. Das Land wird durch Kanäle bewässert. Kunstvolle Verarbeitung von Kupfer, Zinn und Gold. Es wird eine Bilderschrift entwickelt, aus der die Keilschrift entsteht. Beamte und Schreiber kontrollieren die Abgaben der Bauern. Sie bedienen sich dabei eines Zahlensystems mit der Einheit 60 (Sexagesimalsystem). Gelehrte stellen für die Zeiteinteilung einen Mondkalender mit 354 Tagen auf.

In Vorderasien wird das Scheibenrad erfunden.

Die Ausdorrung der Sahara zwingt die Menschen, sich beiderseits des Wasser spendenden Nils niederzulassen. Siedlungen sind hier seit etwa 5000 vor unserer Zeitrechnung nachweisbar. Die Ägypter schließen sich allmählich zu Gemeinden, später zu „Gauen" zusammen, um leichter die gemeinsamen Aufgaben, die die jährliche Überschwemmung des Nils ihnen stellt, zu bewältigen. Es bilden sich zwei eigenständige Kulturkreise: Oberägypten im Süden (El-Amra) und Unterägypten im Norden (El-Gerza).

Pyramidenbau am Nil

Ägyptische Hieroglyphen

Ägyptische Gottheiten

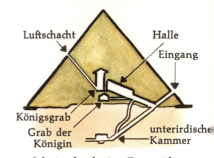

Schnitt durch eine Pyramide

Ägyptischer Hofbeamter

um 3000 König Menes faßt Ober- und Unterägypten zu einem Reich zusammen; die erste Pharaonendynastie entsteht. Der Pharao wird als Gottkönig verehrt, der nach dem Glauben des Volkes über die Nilflut gebietet. — Die jährlich notwendige Neuvermessung der Felder führt zur Entwicklung der Geometrie. Genaue Beobachtung der Gestirne, um den Zeitpunkt der Nilüberflutung voraussagen zu können (Anfänge der Astronomie). Die Ägypter entwickeln aus der sumerischen Keilschrift eine eigene Bilderschrift, die Hieroglyphen. Sie schreiben nicht mehr mit Griffeln auf Ton- oder Wachstafeln, sondern mit Tinte aus Ruß und Pflanzengummi auf „Papier", das aus dem Mark der Papyrusstaude gewonnen wird.

Als Gottheiten werden verschiedene Orts- und Landschaftsgötter verehrt (dargestellt als „heilige Tiere" in Menschengestalt). Als Staatsreligion setzt sich der Kult des Sonnengottes Re durch, auch Amon oder Aton genannt.

um 2800 Unter der dritten Dynastie der Pharaonen entsteht das „Alte Reich" mit der Hauptstadt Memphis, Höhepunkt der altägyptischen Kultur. — Die Verwaltung des Reiches ist streng zentralisiert. Scharf voneinander abgegrenzte Priester- und Beamtenstände gebieten über die Masse der Bauern, Soldaten und Sklaven.

um 2700 Handel und Gewerbe Ägyptens blühen durch ausgedehnten Warenaustausch: Innerafrika liefert Elfenbein und Felle; auf dem Seewege werden aus Somaliland Gewürze und aus Syrien Hölzer eingeführt.

um 2600 Die Pharaonen bauen Pyramiden als Grabanlagen. Die Pyramiden sind 90—140 m hoch und bestehen im Innern aus Muschelkalkstein, der Mantel wird aus weißen Kalksteinblöcken zusammengefügt. Ihr Bau setzt bedeutende physikalische und mathematische Kenntnisse voraus. Der Eingang liegt stets im Norden. Die Bauwerke werden durch Statuen und Götterbilder geschmückt. Die Darstellungen erscheinen ausschließlich als Vorderansicht oder im Profil. Die Leichen werden mumifiziert, weil der Tote nach ägyptischer Überzeugung im Reiche der Götter nur so lange weiterleben kann, wie der Körper unversehrt erhalten bleibt.

Ein Kalender mit 365 Tagen wird eingeführt; das Neujahr beginnt im Juli mit der alljährlichen Nilüberschwemmung.

um 2500 Im Stromgebiet des Indus entsteht eine Hochkultur. Umgeben von einer bäuerlichen Landbevölkerung entwickeln sich volkreiche Städte. Die schachbrettartig angelegten Städte Mohenjo-daro und Harappa haben breite Straßen und mehrstöckige Häuser aus Lehmziegeln. Kanalisation und Bäder sind bereits bekannt. Kupfer und Edelmetalle werden zu Werkzeug und Schmuck verarbeitet. — Diese Kultur endet um 1500 mit dem Eindringen der indoeuropäischen Völker.

rechte Seite: Eine der Pyramiden von Giseh bei Kairo, entstanden um 2600 v. Chr. Jeder der Steinblöcke, aus denen sie erbaut sind, wiegt ungefähr zwei Tonnen. Die Ägypter schichteten sie mit Hilfe von Erdwällen aufeinander, wie auf S. 9 oben gezeigt wird.

links: Skulptur aus dem Palast von Chorsabad.

unten: Ruinen von Babylon.

links: Betender Mann, mesopotamische Kupferstatue aus dem 3. Jahrtausend v. Chr.

unten: Tontafel mit sumerischer Keilschrift, 3. Jahrtausend v. Chr. Solche Tontafeln wurden im Handel verwandt und dienten als Zahlungsanweisungen oder Lieferscheine für Waren.

Stierspiele in Kreta

Feldbestellung und Großsteingräber

Gefäß der Bandkeramiker

Pfahlbauten

um 2500 In China entstehen Ackerbaukulturen in Shansi und am Hoang-Ho. Keramikgefäße werden zum Teil bemalt.

Anfänge einer eigenständigen Kultur auf Kreta. Hier landen Siedler aus den Ländern des Nahen Ostens, die sumerische und ägyptische Einflüsse mitbringen. Sie betreiben Acker- und Weinbau und entfalten große handwerkliche Fähigkeiten. Schmelzöfen und Gußformen zur Herstellung von Geräten und Waffen aus Bronze sind bekannt. Charakteristisch ist die Doppelaxt aus Bronze. Keramik und Töpferei erreichen eine Hochblüte.

Um 2000 werden gewaltige Paläste in Knossos (Palast des Minos), Mallia und Phaistos errichtet. Die Griechen bezeichnen diese Paläste wegen des immer wiederkehrenden Zeichens der Doppelaxt (labrys) als „Labyrinthe". Die hier herrschenden Könige und Königinnen sind Priesterherrscher; Teile der Paläste dienen daher kultischen Zwecken. Prozessionen, Tänze, Kampfspiele und „Stierspringen" haben religiösen Charakter. — Um die Paläste entstehen Städte mit dreistöckigen Häusern aus Lehmziegeln. — Kreta treibt ausgedehnten Handel mit Ägypten, den Ländern Vorderasiens und der Ägäis; dazu benutzt man Schiffe mit Segeln und Rudern.

um 2300 Der ostsemitische König Sargon I. erobert die sumerischen Stadtstaaten und dringt bis zum Schwarzen Meer vor. Akkad wird die Hauptstadt seines Reiches, das durch Beamte zentral verwaltet wird und über ein stehendes Heer verfügt. — Um 2150 wird dieses Reich von iranischen Völkern erobert.

vor 2000 Auf dem europäischen Festland dauert die Steinzeit noch an. Es lassen sich mehrere bäuerliche Kulturkreise unterscheiden, die nach den ihnen eigentümlichen Gefäßverzierungen, Bauten oder Waffen benannt werden: Die Bandkeramiker bevorzugen bandartige Verzierungen auf den Tongefäßen. Ihre Kultur dringt von Südosteuropa allmählich nach Mitteleuropa vor. Die Glockenbecherleute im Südwesten Europas stellen farbig verzierte, glockenförmige Tongefäße her. Sie bauen große Fluchtburgen und wohnen zum Teil in Häusern auf Pfahlrosten (die aber nicht im Wasser, sondern am Seeufer stehen). Die Großsteingräberleute, vornehmlich in Spanien, Frankreich und England verbreitet, sind gekennzeichnet durch die Totenbestattung in großen Steingräbern, die mit Erde bedeckt werden.

In Nordeuropa mischen sich die westlichen Großsteingräberleute mit der älteren Bevölkerung. Grabkammern bis zu 80 m Länge werden hier aus Findlingen errichtet; da sie durch einen Gang zu betreten sind, werden sie als Ganggräber bezeichnet. — Nach 1800 dringen kriegerische Steinaxtleute nach Nordeuropa vor. Für sie sind geschliffene und gebohrte Steinäxte, das Einzelgrab und durch den Abdruck von Schnüren verzierte Gefäße (Schnurkeramiker) kennzeichnend. Sie züchten erstmals in Europa das Pferd.

nach 2000 Aus der Bilderschrift entwickeln die Phönizier ein Alphabet in Horizontalschrift.

Phönizische Buchstaben

(A E L M S)

12

Zug der Israeliten durch die Wüste

Alteuropäisches Bronzebeil

nach 2000	Erste indoeuropäische Wanderung: Ionier und Achäer dringen von Norden her in Griechenland ein. Indoeuropäische Hethiter besetzen Vorderasien. Gefürchtet sind ihre zweirädrigen pferdebespannten Streitwagen. Die Urbevölkerung wird unterworfen, ihre Kultur übernommen.
um 2000 bis 1710	Mittleres Reich in Ägypten; Wiedervereinigung der unter Gaufürsten zerfallenen Teilreiche.
1800	Beginn der Bronzezeit in Mitteleuropa. Handel u. a. mit Bernstein.
1800—1500	In China Anfänge staatlicher Organisation unter der Hia-Dynastie. Um 1500 entsteht aus Bildern und Orakelzeichen die erste chinesische Schrift.
1728—1686	König Hammurabi erhebt Babylon zur Hauptstadt Mesopotamiens. Strenge Gesetzgebung nach dem Grundsatz: „Auge um Auge, Zahn um Zahn." Bau von Kanälen; Förderung von Handel und Gewerbe, Blütezeit der babylonischen Literatur: das Gilgamesch-Epos wird aufgezeichnet.

Babylonischer Sonnengott als Gesetzgeber

	Die Hyksos, ein fremdes Mischvolk, dringen von Osten her in Ägypten ein und erobern es.
1650	Indoeuropäer wandern in das östliche Hochland von Iran ein.
1600—1500	Höhepunkt der frühmykenischen Kultur in Griechenland. Ihre Zeugnisse sind die Burgpaläste in Mykene, Tiryns und gewaltige Kuppelgräber. Handel mit Syrien, Ägypten, Kreta.
1570—715	Nach Vertreibung der Hyksos entsteht in Ägypten das Neue Reich. Es erlangt unter den Pharaonen Amenophis III., IV. und Ramses II. Weltbedeutung.
1530	Die Hethiter zerstören Babylon.
um 1500	Indoeuropäische Stämme ziehen nach Indien. Brahmanische Religion; Abschließung in Kasten.
	In China entwickelt sich unter der Shang-Dynastie eine hohe Kultur.
1400—1150	In Griechenland entsteht eine kretisch-mykenische Mischkultur.

	li	stehen
	schang	oben
	hia	unten
	sche	Bogenschießen
	yu	Wein

Erste chinesische Schriftzeichen

1250	Moses führt die Israeliten aus der ägyptischen Sklaverei ins „Gelobte Land". Am Berge Sinai verkündet er ihnen die Zehn Gebote und verpflichtet sie zum Glauben an den einzigen Gott Jahwe.
um 1200	Die zweite große indoeuropäische Wanderung beginnt im Mittelmeerraum und in Vorderasien. Das Hethiterreich bricht unter dem Ansturm der Phryger zusammen. Troja wird zerstört. Die Dorer besetzen den Peloponnes, die Nordwestgriechen weite Teile Griechenlands; Italiker dringen in Italien ein. Verfall der mykenischen Kultur.
	Seeherrschaft und Handel im Mittelmeerraum gehen auf die Phönizier über (Zentrum: Tyros).
	In Griechenland wird die Bronze durch das Eisen verdrängt.

Ramses II.

oben: Szenen aus dem Landleben in Ägypten; aus einem ägyptischen Totenbuch.

rechts: Bemalter Holzsarkophag (Ober- und Unterteil) des Pharao Tutanchamun, um 1350 v. Chr.

unten: Ägyptische Totenbarke, die den Verstorbenen über den Nil zu den Gefilden von Ialu, dem ewigen Wohnsitz bringen soll. Die Ägypter glaubten an ein Weiterleben nach dem Tode, das ganz dem auf Erden glich (s. S. 9). Sie gaben daher den Verstorbenen Gegenstände des täglichen Lebens sowie kleine Statuen von Sklaven und Handwerkern mit ins Grab.

rechts: Lilienprinz; Wandgemälde aus dem Palast von Knossos.

unten: Die Schlangengöttin, eine kleine Fayencestatue mit Elfenbein und Gold aus dem Tempel des Palastes von Knossos.

darunter: Überreste des um 1400 zerstörten Palastes von Knossos. Er war auf einer Grundfläche von etwa 150 m im Geviert erbaut und bestand aus zwei Stockwerken, in denen sich zahlreiche Wohn- und Kulträume sowie Vorratskammern befanden.

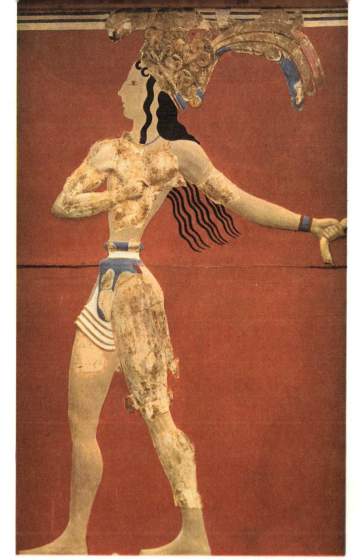

Olympische Spiele

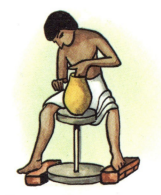

Phönizisches Handelsschiff

ΑΛΛΟΥΔΕΝΗΔΙΟΝ
ΕΜΟΙΓΕΕΙΜΗΤΥΣ
ΧΑΝΕΙΑΛΗΘΗΣΟΝ
ΦΡΑΣΟΝΔΕΜΟΙΤΙΣ
ΗΩΦΕΛΙΑΤΟΙΣΘΕ
ΟΙΣΤΥΓΧΑΝΕΙΟΥΣΑ

Griechische Schrift

Ägypter an der Töpferscheibe

Die Kapitolinische Wölfin

1198 Ramses III. von Ägypten schlägt in einer großen Schlacht im Nildelta die angreifenden „Seevölker" zurück. Zu ihnen gehören die indoeuropäischen Philister, die nun Palästina besetzen, und die vorderasiatischen Etrusker, die sich um 900 v. Chr. im Nordwesten Italiens niederlassen (Etrurien).

1150 Ägyptische Handwerker erfinden die Töpferscheibe.

um 1000 Die Könige David und Salomo führen Israel kulturell und wirtschaftlich zu hoher Bedeutung. Die Israeliten erobern im Kampf gegen Kanaanäer und Philister Jerusalem und bauen es zur Hauptstadt aus. Nach dem Tode Salomos (926) zerfällt das Reich in zwei Teilstaaten: Juda und Israel. Die Israeliten lernen die Verarbeitung des Eisens. Sie sind bedeutende Kupferexporteure und bauen den Hafen Ezeo-Geber am Roten Meer.

Die Griechen besiedeln die Inselwelt der Ägäis und die Küste Kleinasiens: die Ionier setzen sich in Attika, Euböa, auf den Kykladen und an der kleinasiatischen Küste fest, die Äoler im Norden und Mittelwesten Griechenlands, die Dorer auf dem Peloponnes, auf Kreta, Rhodos und an der Südküste Kleinasiens.

Griechen vervollständigen die phönizische Buchstabenschrift durch Einfügung von Zeichen für die Selbstlaute.

930—608 Die semitischen Assyrer unterwerfen in grausamer Kriegführung Mesopotamien (Hauptstädte: Assur und Ninive). Babylon wird erobert; Syrien, Palästina werden besetzt, zeitweise auch Ägypten.

814 Die Phönizier gründen an der handelspolitisch wichtigen, schmalsten Stelle des Mittelmeeres gegenüber Sizilien Karthago (=Neustadt).

um 800 Homer schildert in der Ilias und Odyssee das Leben der griechischen Adelsgesellschaft und gibt dem griechischen Götterglauben die endgültige Form.

Beginn der Eisenzeit in Mitteleuropa. Kelten, die sich durch kunstvolle Verarbeitung des neuen Metalls auszeichnen, sind die Träger der Kultur von Hallstatt (Salzkammergut). Zum Schutz gegen Überfälle legen sie — meist auf Bergkuppen — Fluchtburgen an.

776 In Olympia werden erstmalig zu Ehren des Gottes Zeus Festspiele in Form sportlicher Wettkämpfe aller Griechen abgehalten. Sie werden alle vier Jahre wiederholt und dauern jeweils fünf Tage. Während dieser Zeit herrscht in ganz Griechenland Waffenruhe. — Ähnliche Spiele in Delphi und Korinth.

753 Sagenhafte Gründung Roms (durch Romulus). Rom wird in der Folgezeit von etruskischen Stadtkönigen beherrscht. Es entsteht eine eigene lateinische Buchstabenschrift.

Griechische Trieren mit Segel und Rammsporn

Spartiate

Helot

um 750 Gründung griechischer Kolonialstädte an den Küsten des Mittelmeeres und des Schwarzen Meeres. Bedeutende Siedlungen: Byzanz, Syrakus, Messina, Tarent, Neapel, Massilia (=Marseille) und Kyrene in Afrika.

721 Assyrer unter König Sargon II. erobern Samaria. Ende des Staates Israel; nur Juda bleibt bestehen. Zeit der Propheten.

um 720 Der dorische Militärstaat Sparta unterwirft die benachbarten Messenier und macht sie zu unfreien, rechtlosen Heloten. Neben zwei Königen und einem Rat der Alten (Gerusia) besitzen fünf Beamte, Ephoren genannt, den entscheidenden Einfluß im Staat. Über Krieg und Frieden und wichtige Gesetze entscheidet die Versammlung der Krieger ohne Aussprache.

Nach dem Vorbild lydischer Händler kommen in Griechenland Münzen in Gebrauch.

Sparta isoliert sich von der Umwelt auch handelspolitisch durch Einführung eines unhandlichen Eisenstangengeldes.

700 Die Korinther entwickeln die Triere, ein Schiff mit drei übereinander liegenden Rudergalerien. Mit Hilfe dieses neuen Schiffstyps gewinnen die Griechen die Überlegenheit zur See. Im Landkampf wird die tief gestaffelte, geschlossene Schlachtlinie, die Phalanx, angewendet.

660 Gründung eines japanischen Reiches auf Nippon durch Kaiser Jimmu.

um 650 Die Kelten (Gallier) wandern aus Süddeutschland in Frankreich ein.

Ende der assyrischen Zwangsherrschaft über die vorderasiatischen Völker. Aufstieg der Meder und Perser.

In den griechischen Stadtstaaten finden nach Abschaffung des Königtums heftige Kämpfe zwischen den Adelsgeschlechtern um den Besitz der Macht statt. Sieger sind die „Tyrannen", Alleinherrscher ohne Beteiligung von Adel und Volk.

Griechischer Sänger

624 Drakon erläßt in Athen sehr harte und strenge Gesetze, um die Unterdrückung der Bürger durch den Adel zu beenden.

um 600 Anfänge der griechischen Philosophie. In Milet machen sich Naturforscher Gedanken über den Ursprung der Welt. Thales (der als erster im voraus eine Sonnenfinsternis berechnet) sieht im Wasser den Urstoff des Lebens. Anaximenes hält die Luft für das Element, aus dem sich alles entwickelt. Anaximander konstruiert bereits eine Sonnenuhr und zeichnet Erdkarten.

In Mexiko bauen die Tolteken Tempelpyramiden.

Phönizische Schiffe umfahren Afrika.

594 Der Staatsmann Solon beendet durch seine Reformen die sozialen Kämpfe in Athen. Die Bürger werden nach ihrem Vermögen in Klassen mit unterschiedlichen Rechten und Pflichten eingeteilt (Timokratie = Herrschaft nach Vermögen). Mit der Teilnahme aller erwachsenen Männer an der Volksversammlung wird die Entwicklung zur demokratischen Staatsordnung eingeleitet.

Solon

17

linke Seite: Phönizisches Schiff, 900 v. Chr. (rekonstruiertes Modell). Den in einem festen Kiel endenden Schiffsrumpf umkleideten die Phönizier mit übereinandergefügten Brettern, die sie mit Teer abdichteten.

unten links: Tempelruinen der griechischen Stadt Olympia, in der im Jahre 776 v. Chr. die ersten Olympischen Spiele stattfanden.

daneben: Homerischer Krieger (wahrscheinlich Achilles); Ausschnitt aus einer griechischen Vasenmalerei im „schwarzfigurigen" Stil des Exekias aus Attika (um 550—525 v. Chr.). Bei diesem älteren Malstil heben sich die dargestellten Figuren vom roten Tonuntergrund der Vase schwarz ab. Von etwa 500 v. Chr. ab herrscht dann der jüngere „rotfigurige" Stil vor mit tonfarbenen Figuren auf glänzend schwarzem Untergrund.

rechts: Kleine phönizische Votivstatuen, gefunden in Byblos, einer Hafenstadt am Mittelmeer.

unten: Säulenreste der Stadt Sparta im Tal des Eurotas.

Konfuzius reitet lehrend durch China

Juden in Babylonischer Gefangenschaft

Satz des Pythagoras

Grab des Kyros

Buddha

586 König Nebukadnezar II., der Babylon zu neuer Macht erhoben hat, zerstört den Tempel von Jerusalem und führt die Juden in die „Babylonische Gefangenschaft"; 538 kehrt nur ein kleiner Teil nach Palästina zurück.

um 580 Zarathustra, persischer Prophet, verkündet seine Lehre von einem guten und einem bösen Geist, die beide um den Menschen kämpfen. Der Mensch selbst muß entscheiden, wem er folgen will.

560 Peisistratos errichtet in Athen mit Hilfe der Kleinbauern eine gemäßigte Tyrannis. Blütezeit griechischer Kunst und Wissenschaft.

um 550 Pythagoras aus Samos, griechischer Philosoph und Mathematiker, lehrt, daß Zahlenverhältnisse die Harmonie der Welt widerspiegeln (Untersuchung an Tonreihen von Saiteninstrumenten). Er entdeckt den pythagoräischen Lehrsatz und lehrt die Kugelgestalt der Erde. Pythagoras gründet einen Geheimbund, dessen Mitglieder zu völliger Enthaltsamkeit verpflichtet sind. Glaube an Seelenwanderung.

539 Der Perserkönig Kyros erobert Babylon und das medische Reich, später auch Ägypten.

510 Kleisthenes führt in Athen die Demokratie ein. Er beseitigt alle Vorrechte des Adels. In der Volksversammlung werden die wichtigsten politischen Angelegenheiten besprochen und beschlossen. Der Areopag (Rat der Alten) führt die staatliche Oberaufsicht. — Droht eine starke Einzelpersönlichkeit zu mächtig zu werden, so kann sie durch Scherbengericht (Ostrakismos) auf 10 Jahre verbannt werden. Die starke Teilnahme der Athener am Staatsleben ist nur dadurch möglich, daß zahlreiche Sklaven die Arbeit verrichten.

Die Römer verjagen den letzten etruskischen König Tarquinius Superbus. Rom wird Adelsrepublik. Die Macht im Staat übernimmt der Senat, der Adelsrat der Alten, der sie jährlich neu zwei Konsuln überträgt. In Notzeiten kann für 6 Monate ein Diktator ernannt werden, der während seiner Regierung eigenmächtige Entscheidungen zum Wohle des Volkes (ähnlich den griechischen Tyrannen, s. S. 17) treffen darf.

um 500 Gotama Buddha, aus einem indischen Adelsgeschlecht stammend, lehrt: Das Leid dieser Welt schafft der Mensch sich selbst durch seine ungezügelten Leidenschaften. Völliges Sichversenken, Stillewerden (Meditation) befähigen ihn aber, schon zu Lebzeiten in das Nirwana (= „selige Ruhe") einzugehen.

Der chinesische Weisheitslehrer Kung-fu-tse (Konfuzius) reformiert die Sitten an den chinesischen Fürstenhöfen. Er erwartet von den Menschen, daß sie sich in den Tugenden der Weisheit, Güte, Treue, Ehrfurcht und Aufrichtigkeit üben und diese überall in der Natur, in Familie und Staat mit Eifer befolgen.

Die persische Streitmacht überquert den Hellespont

um 500 Großen Einfluß gewinnen die Anhänger einer griechischen Philosophenschule, die in Elea in Unteritalien entsteht. Zenon von Elea (gest. 430) gilt als Hauptvertreter der Dialektik, ursprünglich der Kunst geschickter philosophischer Gesprächsführung, die später vielfach in Scheinargumentation und Spiegelfechterei ausartete und in Verruf kam.

Rom erringt durch einen Bundesvertrag mit den benachbarten Stämmen die Vorherrschaft über Latium. Ständekämpfe in Rom. Die Plebejer (Bauern und Handwerker) verlassen die Stadt, weil sie sich benachteiligt fühlen, und wollen eine eigene Siedlung gründen. Doch gelingt eine Aussöhnung: Volkstribunen werden eingesetzt, die die Rechte der Plebejer gegenüber den Patriziern (Adligen) schützen sollen. Sie können gegen Beschlüsse des Senats ein „Veto" einlegen.

In China schwächen Kämpfe der großen Lehnsherren untereinander die herrschende Dynastie. Der reichen Adelsklasse steht die Schicht der fast rechtlosen Hörigen gegenüber.

Germanische Stämme breiten sich in Nord- und Mitteldeutschland aus. Sie dringen zum Rhein vor.

Griechischer Lehrer mit Schüler

500 Mit dem Aufstand der griechischen Stadt Milet gegen die Herrschaft des Perserkönigs Dareios beginnen die Perserkriege (bis 449). Athen unterstützt Milet. Sparta, das im Peloponnesischen Bund alle in seinem Machtbereich liegenden Völker und Städte unter seiner Führung vereinigt hat, zögert mit der Hilfe.

494 Milet wird von den Persern zerstört.

Etruskischer Bauer

493 Der Athener Themistokles läßt den Hafen Piräus befestigen und eine Flotte für den Kampf gegen die Perser bauen.

490 Ein persisches Invasionsheer landet bei Marathon und wird von den Athenern unter Miltiades geschlagen. Ein Bote bringt in schnellem Lauf die Siegesnachricht zum 42 km entfernten Athen.

486 In Persien folgt nach dem Tode des Dareios Xerxes als Großkönig. Er trifft Vorbereitungen für eine endgültige Niederwerfung der Griechen.

Römischer Volkstribun, Senator

485 Der Bau der athenischen Flotte wird von Themistokles beschleunigt.

480 Xerxes führt ein gewaltiges Heer über den Hellespont nach Griechenland; seine Flotte übernimmt den Flankenschutz zur See.

Bei den Thermopylen verteidigen Spartanerkönig Leonidas und 300 Krieger den Engpaß; sie werden jedoch umgangen und fallen bis auf den letzten Mann.

Der Läufer von Marathon

Felsenwand, 15 km von Persepolis, mit den Gräbern der Perserkönige aus dem Geschlecht der Achämeniden, von Dareios I. (521—486) bis Dareios III. (336—330).

Laotse, Philosoph aus dem 3. Jahrhundert v. Chr. Während Konfuzius (s. S. 20) die Menschen zu einem tugendhaften, vorbildlichen Zusammenleben ermahnte, predigte Laotse die Abkehr von der Welt, um sich ganz in den Tao, den höchsten Seinsbegriff, zu versenken. Aus seiner philosophischen Lehre entstand die Volksreligion des Taoismus.

unten: Ruinen von Persepolis, der im 6. Jahrhundert v. Chr. von Dareios I. gegründeten Hauptstadt des Perserreiches. Persepolis liegt an der Straße zwischen Isphahan und Schiras im heutigen Iran und wurde um 330 v. Chr. durch Alexander d. Gr. zerstört. Die Paläste waren mit prachtvollen Flachreliefs aus buntglasierten Ziegeln verziert.

links:
Bogenschütze der königlichen Garde, Wandrelief aus dem Palast des Dareios I. in Susa (6. Jahrh. v. Chr.)

Schlacht bei Salamis

Grieche und Perser im Kampf

Dorische Säule

Ionische Säule

Korinthische Säule

480 Seeschlacht bei Salamis: Das von der Bevölkerung geräumte Athen wird von den Persern zerstört, doch gelingt es Themistokles, die großen Schiffe der Perser in die Bucht vor der Stadt zu locken, wo sie von den wendigen Trieren der Athener vernichtet werden.

479 Die vereinigten Griechen siegen unter Führung des Spartanerkönigs Pausanias bei Platäa über das persische Landheer. Die Machtansprüche eines Großreiches sind durch das Bündnis kleiner, um ihre Freiheit besorgter Völkerstämme erfolgreich abgewehrt worden.

477 Unter Führung Athens wird der attisch-delische Seebund gegründet, dem sich rund 200 griechische Stadtstaaten anschließen. Die Mitglieder zahlen für die Ausrüstung der Flotte und für die Kriegführung Geld in eine gemeinsame Kasse. Sie wird im Apollontempel auf der Insel Delos deponiert.

471 Themistokles wird wegen seiner selbstherrlichen Regierung durch ein Scherbengericht aus Athen verbannt. Er begibt sich nach langem Umherirren an den Hof des Perserkönigs, der ihn ehrenvoll aufnimmt.

470 Tod des griechischen Philosophen Heraklit, der lehrt, daß alles in der Welt in ständiger Bewegung sei und die Menschen sich in unaufhörlichem Kampf miteinander befänden.

464 Persische Thronwirren: Artaxerxes I. beseitigt seinen Bruder Dareios II., der den Vater (Xerxes) umgebracht und sich des Thrones bemächtigt hatte.

462 Die Macht des aristokratischen Areopags wird von den radikalen Demokraten Athens eingeschränkt. Er behält nur noch richterliche Befugnisse.

461 Perikles Anführer der Demokraten. Verbannung des auf Ausgleich mit Sparta bedachten Kimon.

Rascher Wiederaufbau Athens, Bau einer starken Schutzmauer bis zum Hafen Piräus; Verstärkung der Flotte.

In der griechischen Kunst Ende des archaischen, monumentalen Stils. Beginn der klassischen, verfeinerten Richtung. Tempelbauten in dorischem und jonischem Stil. Später bildet sich der korinthische Stil mit Kapitellen aus Akanthusblättern.

Äschylus (gest. 456) dichtet die „Orestie". Den Kampf gegen Dareios gestaltete er 472 in seinem Drama „Die Perser".

Nach dem Satyrspiel kommt als realistisch-parodistische Posse die Komödie auf (Kratinos, gest. um 420. Ihr bekanntester Vertreter ist Aristophanes, um 445— um 385).

24

**Tempelfest in Etrurien
(im Hintergrund etruskisches Rundgrab)**

460 Demokrit, griechischer Philosoph und Naturforscher aus Abdera, geboren. Er erklärt, daß sich die Welt aus kleinsten Teilchen, Atomen, zusammensetzt. Von der Bewegung der Atome (ihrer Bindung aneinander oder Trennung) hänge es ab, ob die Dinge entstehen oder vergehen.

457 Perikles erwirkt, daß auch ärmere Bürger zu den höchsten Beamten- und Richterstellen aufsteigen können.

457–451 Der 1. Peloponnesische Krieg zwischen Athen und Sparta um die Vorherrschaft im griechischen Raum endet mit einem fünfjährigen Waffenstillstand, den beide Seiten zum Rüsten ausnützen.

454 Die Kasse des attischen Seebundes wird von Delos nach Athen verlegt.

um 450 Die Kelten weichen vor den Germanen zurück und überschreiten die Alpen und Pyrenäen. Auf der Iberischen Halbinsel verschmelzen sie mit der dortigen Bevölkerung zu Keltiberern.

Die römische Zehnmänner-Regierung läßt das geltende Recht auf 12 Tafeln aufzeichnen und öffentlich ausstellen, um Willkür bei Richtersprüchen zu verhindern. Allmählich erlangen auch die Plebejer Zugang zu höheren Staatsämtern. Durch die Beseitigung der inneren Spannungen steigt die militärische Stärke Roms, das dadurch im Bund der Latinerstaaten seine Vormacht weiter ausbaut.

Einfluß etruskischer Kunst und Kultur auf Rom: den etruskischen Hausgrundriß (Atriumanlage) und Gewölbebau behalten die Römer bei, ebenso den Dämonenglauben und die Beobachtung von Vorzeichen (Auspizien). Neben der etruskischen Leichenbestattung in Grabkammern und Totenstädten wird die Leichenverbrennung üblich. — Noch stärker jedoch ist der griechische Einfluß.

448 Friedensschluß zwischen Griechenland und Persien. Persien verzichtet auf die Herrschaft über die griechischen Städte Kleinasiens und auf die Handelsrechte im Ägäischen Meer.

446 Sparta und Athen beenden ihre Spannungen und Kämpfe und schließen einen 30jährigen Frieden.

Tod des griechischen Dichters Pindar. Er verfaßte „Siegeslieder" auf die Preisträger der Festspiele sowie Chorlieder.

445 In Rom werden Eheschließungen zwischen Patriziern und Plebejern gesetzlich gestattet.

Themistokles

Das Zwölftafelgesetz

**Athenerin und
attische Vase**

Akropolis von Sparta

Kultischer Tanz einer Mänade zu Ehren des griechischen Weingottes Dionysos, Malerei auf einer altgriechischen Schale.

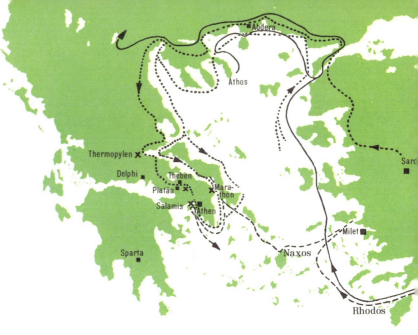

Kriegszüge der Perser nach Griechenland
—— : Zug des Jahres 492, - - - - - : Zug des Jahres 490
· · · · · · : Zug des Jahres 480, × = Schlachtort

Dorischer Tempel in Selinunt auf Sizilien aus dem 5. Jahrhundert v. Chr.

Etruskische Fresken aus der Grabkammer „Tomba dei Leopardi" in Tarquinia, 6. Jahrhundert v. Chr. Die Etrusker schmückten ihre Grabkammern wie die Ägypter mit Wandgemälden, Plastiken und zahlreichen Kunstgegenständen, die von der hohen, unter griechischem Einfluß stehenden Kultur des bald nach der Zeitenwende untergegangenen Volkes zeugen.

Etruskische Grabkammer in Cerveteri, sogenannte „Tomba degli stucchi". Die Wände sind reich mit Stuckreliefs geschmückt.

unten: Teil eines etruskischen Tonsarkophages aus Cerveteri mit der Figur eines Ehepaares, 6. Jahrhundert v. Chr.

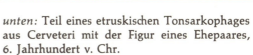

unten: Helm, Schwert und Beinröhren aus Bronze.

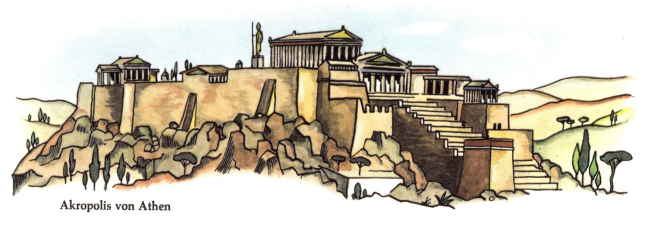

Akropolis von Athen

Perikles

**Schauspieler mit
Maske und Kothurn**

**Griechischer
Bildhauer**

Athener beim Mahle

446—431 In Athen übernimmt Perikles als jährlich wiedergewählter Feldherr die Staatsführung. Er schafft die Vorrechte der Begüterten ab und bestimmt, daß jeder Beamte ein Tagegeld erhält, das ihn von der Sorge um den Lebensunterhalt befreit.

Theatervorführungen finden für alle kostenlos statt.

Perikles drängt auch den Bundesgenossen die demokratische Staatsordnung auf; durch die Einführung des attischen Münz-, Maß- und Gewichtssystems entsteht ein einheitliches Wirtschaftsgebiet.

Für die Nachrichtenübermittlung benutzt man Fackeltelegraphen.

Große Geldbeträge werden für die Verschönerung und den Ausbau Athens ausgegeben. Die Stadt wird Mittelpunkt der damaligen Kultur. Es beginnt das „perikleische" oder „goldene Zeitalter" Athens.

Meisterwerke der griechischen Baukunst entstehen: die Akropolis auf dem Burgbezirk Athens wird ausgebaut (Parthenon, Propyläen, Erechtheion, Nike-Tempel), in Pästum und auf Sunion werden Poseidon-Tempel errichtet. Die Bildhauer Myron (506—446) und Phidias (493—429) schaffen berühmte Kunstwerke (Standbilder des Zeus, der Athene, Apollons; den Diskuswerfer).

Sophokles (496—406) und Euripides (484—406) dichten Dramen nach alten Götter- und Heldensagen: Antigone, Ödipus, Medea, Iphigenie, Elektra, Orest u. a.

Herodot (484—425), „Vater der Geschichtsschreibung" genannt, und Thukydides (460—395) schreiben über den Verlauf der Kriege.

In der Philosophie machen die Sophisten von sich reden. Sie ziehen die menschliche Erkenntnisfähigkeit in Zweifel und lehren ihre Schüler, den Erfolg einer Sache als das Entscheidende zu betrachten. Da Redegewandtheit und Schlagfertigkeit meist den Erfolg bestimmen, ist die Rhetorik ihr bevorzugtes Unterrichtsgebiet. Protagoras, einer der Hauptvertreter der Sophisten, erklärt, der Mensch sei das Maß aller Dinge. Eingang des Subjektivismus in die Philosophie.

Als Protagoras der Gottlosigkeit angeklagt wird, flieht er und ertrinkt auf der Überfahrt nach Sizilien (415). Seine Schriften werden auf dem Markt von Athen verbrannt.

An Kulten verbreiten sich: der Asklepios-Kult (zu Ehren des Gottes der Heilkunst), der Kybele-Kult (Fruchtbarkeitsgöttin) und der Ammons-Kult (Lichtgott nach ägyptischem Vorbild).

431 Der „Peloponnesische Krieg" zwischen Athen und Sparta beendet das „goldene Zeitalter". Neid auf den Reichtum und das Ansehen Athens, aber auch attische Herrschsucht und Überheblichkeit sind die Ursachen dieses Bruderkrieges.

Sokrates auf dem Marktplatz von Athen

431 Ein spartanisches Landheer verwüstet Attika und belagert Athen, das mit seiner überlegenen Flotte die Küstenstädte des Peloponnes brandschatzt.

um 430 Tod des griechischen Philosophen Empedokles. Er erklärt Zu- und Abneigung, Anziehung und Abstoßung als die bewegenden Kräfte in der Welt.

In der von Flüchtlingen überfüllten Stadt Athen bricht die Pest aus.

429 Perikles erliegt der Pest.

421 Nach wechselnden Kriegserfolgen kommt es zum Friedensschluß, nach dem Verhandlungsführer Athens „Nikias-Frieden" genannt. Die Spannungen bleiben bestehen.

415—413 Alkibiades überredet die Athener zu einem Feldzug gegen Syrakus auf Sizilien. Das Expeditionsunternehmen endet mit einer vernichtenden Niederlage der Athener. Als Kriegsgefangene müssen sie in Steinbrüchen Sklavenarbeit verrichten.

413 Die Spartaner verbünden sich mit Persien und greifen das geschwächte Athen erneut an.

404 Athen ergibt sich. Es muß die Mauern niederreißen, die Flotte ausliefern und den Seebund auflösen.

Sparta wird (bis 386) die vorherrschende Macht in Griechenland.

399 Der griechische Philosoph Sokrates wird in Athen wegen vermeintlicher Verführung der Jugend zur Gottlosigkeit zum Tode verurteilt. Er hatte versucht, im Gespräch seine Mitmenschen zur Erkenntnis echter Werte und Tugenden zu führen, da er glaubte, daß man das Gute kennen müsse, um es zu tun.

Sein Schüler Platon (gest. 347) überliefert die Lehren seines Meisters. 387 gründet er in Athen eine Hochschule, die Akademie. Er stellt der Wirklichkeit die Welt seiner Ideen gegenüber. Philosophen sollten nach seiner Meinung den Staat regieren. Hauptwerke: Der Staat, die Gesetze, das Gastmahl und andere „Dialoge".

396 Die Römer erobern die starke Etruskerfestung Veji. Die letzten etruskischen Volksreste geraten um 250 unter die römische Herrschaft.

387 Ein keltischer Heerhaufen (Gallier) unter dem Anführer Brennus zieht plündernd durch das etruskische Reich, schlägt das römische Heer an der Allia, erobert Rom und macht reiche Beute. Das Kapitol bleibt in der Hand der Römer.

Nach Abzug der Gallier wird Rom mit einer Mauer umgeben.

Der „Diskuswerfer" von Myron

Athener als Sklaven in Syrakus

Platon

Kelte besiegt Römer

Griechisches Theater in Epidauros, von Polyklet d. J. im 4. Jahrhundert v. Chr. erbaut, heutige Ansicht. Es bestand aus den im Halbkreis angeordneten, stufenförmig aufsteigenden Sitzreihen für die Zuschauer, aus der Orchestra, einem Platz in der Mitte für den Chor, und aus der eigentlichen Bühne, einer rechteckigen, ziemlich langen und schmalen Plattform (vergl. das römische Theater auf S. 38). Der Hintergrund war durch eine feste Mauerkulisse abgeschlossen, die meistens die Vorderseite eines Tempels oder Palastes darstellte. Auf der Bühne traten nur wenige, höchstens vier Schauspieler auf; sie trugen die charakteristische Maske, die auch zur Verstärkung der Stimme diente.

unten: Ansicht der Akropolis von Athen bei Nacht. Links erkennt man den Aufgang zum „heiligen" Burgbezirk: die Propyläen, anschließend die Reste des Tempels der Athene Nike und das Erechtheion; rechts den Parthenon, der zwischen 447 und 432 v. Chr. von Iktinos und Kallikrates erbaut und von Phidias ausgeschmückt wurde (s. S. 28).

oben: Hermes mit dem Kind Dionysos, Marmorstatue des Praxiteles, um 340 v. Chr.

rechts: Attischer Krug mit der Muse der Musik, Polyhymnia. Die Musen waren die Göttinen der Künste.

unten: Pferdekopf, Ausschnitt aus dem Ostgiebel des Parthenon von Phidias, um 435 v. Chr. (s. S. 28, 30).

31

Alexander besiegt den
persischen Großkönig

Hippokrates

**Philipp II.
verhandelt mit Griechen**

Aristoteles

386 Der persische König nutzt die Zwietracht und politische Zerrissenheit der Griechen und diktiert ihnen den „Königsfrieden", der alle kleinasiatischen Griechenstädte seiner Herrschaft unterstellt.

377 Tod des griechischen Arztes Hippokrates, des Begründers der wissenschaftlichen Medizin.

371 Schlacht bei Leuktra. König Epaminondas von Theben besiegt die Spartaner. Griechenland gerät unter die Vorherrschaft Thebens.

366 In Rom stellen die Plebejer erstmalig einen Konsul.

359—336 König Philipp II. von Makedonien baut ein schlagkräftiges Heer aus Reitern und schwerbewaffnetem Fußvolk auf mit dem Ziel, die Vorherrschaft in Griechenland zu erringen.

340—338 Rom führt Krieg gegen die Latinergemeinden, unterwirft sie und schließt mit ihnen Verträge, die sie zu Bundesgenossen Roms machen.

338 Sieg Philipps von Makedonien bei Chaironeia über die Griechen. Er will alle griechischen Stämme in einem panhellenischen Bund vereinen, um die Perser zu unterwerfen.

336 Tod Philipps von Makedonien.
Sein Sohn Alexander, von Aristoteles erzogen, tritt die Nachfolge an. Mit großer Entschlossenheit führt er den Plan seines Vaters aus.

335 Alexander nimmt das aufständische Theben ein und zerstört es.

Aristoteles (384—322), griechischer Philosoph aus Stagira, ein Schüler Platons, gründet in Athen die Schule der Peripatetiker (so genannt nach den Wandelhallen, in denen Aristoteles lehrt). Im Gegensatz zu Platon geht er bei seinen Überlegungen von der Wirklichkeit und der Erfahrung des Menschen aus. Er läßt von seinen Schülern die bisher bekannten Tatsachen aus allen Wissensgebieten zusammentragen und bringt sie zum erstenmal in eine systematische Ordnung. Mit Aristoteles beginnt die wissenschaftliche Forschung. Werke u. a.: Organon („Werkzeuge": die grundlegenden Schriften zur Logik), Physik (worunter alle Naturwissenschaften verstanden werden), Metaphysik (d. h. „nach der Physik": die philosophischen Schlußfolgerungen), Ethik, Politik.

334 Mit einem makedonisch-griechischen Heer zieht Alexander über den Hellespont. Sieg über die Perser am Flusse Granikos.

Die griechischen Städte an der kleinasiatischen Westküste werden befreit.

333 Bei Issos besiegt Alexander den Perserkönig Dareios III.

Palast des persischen Großkönigs

Alexandria mit Hafen und Leuchtturm

332 Tyros und Palästina von Alexander erobert. Ägypten wird kampflos besetzt.

331 Gründung der Stadt Alexandria. In der Oase Siwa begrüßt der Oberpriester des dortigen Heiligtums Alexander als „Sohn Gottes".

330 Ein persischer Satrap ermordet den vor den Griechen flüchtenden Dareios. Alexander bestraft den Mörder und nimmt die Familie des Großkönigs in seinen Schutz. Alexander betrachtet sich als Nachfolger der Perserkönige.

327—325 Vorstoß Alexanders bis zum Reich des Königs Poros am Indus. Die Truppen verlangen die Heimkehr. Mühevoller Rückzug des Landheeres durch die südiranischen Steppen.

Die Einführung des strengen persischen Hofzeremoniells und der Plan, Makedonen, Griechen und Perser zu einem Volk zu verschmelzen, entfremden Alexander seinen Landsleuten.

323 Tod Alexanders. Griechische Sprache und Kultur verbreiten sich über die Länder des östlichen Mittelmeeres und des Mittleren Ostens. Es entsteht die Kultur des Hellenismus.

322 Der Kampf um die Nachfolge Alexanders beginnt (Diadochenkämpfe). Die Einheit des Reiches geht verloren. Aristoteles gestorben.

312 Die Römer bauen die Via Appia, die erste gepflasterte und mit festem Unterbau versehene Militärstraße von Rom nach Capua.

304 Rom unterwirft die Samniten und bringt Mittelitalien unter seine Herrschaft.

um 300 Aus den Diadochenkämpfen sind mehrere hellenistische Großstaaten hervorgegangen: Ägypten unter den Ptolemäern mit der Hauptstadt Alexandria; Vorderasien unter den Seleukiden, Hauptstadt Antiochia; Makedonien unter den Seleukiden, Hauptstadt Pella; Pergamon unter den Attaliden.

287 Ende der Ständekämpfe in Rom: Die Beschlüsse der Plebejerversammlung haben Gesetzeskraft für das Gesamtvolk.

282—272 Tarent fühlt sich von Rom bedroht und ruft König Pyrrhos von Epirus zu Hilfe. Nach verlustreichen Siegen (Pyrrhos-Siegen) zieht Pyrrhos sich wieder nach Griechenland zurück. Rom besetzt das von den Griechen besiedelte Unteritalien.

268 Ganz Italien, vom Nordrand des Apennin bis zur Straße von Messina, wird in der römisch-italischen Wehrgemeinschaft unter der Führung Roms zusammengefaßt. Militärsiedlungen an strategisch wichtigen Plätzen sichern das gesamte Gebiet.

Alexander und Diogenes

Alexandersarkophag

Querschnitt durch die Via Appia

20—40 cm Basaltpflaster
30 cm Mörtelschicht
45 cm Schotter in Mörtel
20 cm Mörtel auf Sandgrund

Römische Soldaten

Alexander der Große sprengt auf seinem Schlachtroß Bukephalos in die Schlacht; Bronzefigur, spätere Darstellung.

unten: Das Reich Alexanders des Großen vereinigte zum ersten Male abendländische und morgenländische Kulturvölker und führte zu einer fruchtbaren gegenseitigen Beeinflussung. — Die Linien zeigen den Verlauf der Eroberungszüge.

linke Seite: Alexander der Große, der sagenumwobene Held, wurde zu einer Gestalt der persischen Mythologie. Ausschnitt aus einer persischen Miniatur: Tod Alexanders des Großen.

35

Die Chinesische Mauer

**Einflußgebiet
Karthagos bis 264 v. Chr.**

Hannibal

Karthagischer Kampfelefant

Archimedes

264—241 Erster Punischer Krieg: Römer und Karthager (unter dem Feldherrn Hamilkar Barkas) kämpfen mit wechselnden Erfolgen um die Vorherrschaft im westlichen Mittelmeer, besonders um den Besitz von Sizilien. Römische Ingenieure bauen erstmalig Kriegsschiffe mit Enterbrücken. Die Römer gewinnen mit Hilfe dieser neuen Kampftechnik die Überlegenheit zur See und zwingen Karthago in einem Friedensvertrag, Sizilien zu räumen und hohe Tribute zu zahlen.

241 Sizilien erste römische Provinz, d. h. ein zu Steuerabgaben verpflichtetes Untertanenland mit einem römischen Statthalter an der Spitze.

236 Hamilkar Barkas erobert Spanien und gründet Neu-Karthago (Cartagena).

221 Der Fürst des chinesischen Lehensstaates Ts-in unterwirft die sich gegenseitig bekämpfenden chinesischen Teilreiche. Er errichtet ein zentral gelenktes Reich, das er als „erster Kaiser" absolutistisch regiert. Die Macht der Feudalherren wird beseitigt, die Schrift vereinheitlicht und die kulturelle Einheit wieder hergestellt.

Zum Schutze gegen Einfälle der Hunnen aus der Mongolei befiehlt der chinesische Kaiser den Bau der Großen Mauer.

218—201 Zweiter Punischer Krieg: Hannibal, Sohn des Hamilkar Barkas und Befehlshaber der karthagischen Armee in Spanien, überquert mit einem großen Heer die Alpen und besiegt die römischen Heere in der Po-Ebene (seit 222 römische Provinz). Die dortigen Kelten schließen sich den Karthagern an.

216 In der Umfassungsschlacht bei Cannae werden die Römer vernichtend geschlagen. Mehrere Bundesgenossen fallen von Rom ab. Im Süden des Reiches bleiben die römischen Truppen siegreich.

212 Die Römer erobern Syrakus. Hier findet der bedeutende griechische Mathematiker und Physiker Archimedes den Tod (er berechnete den Kreisumfang mit der Hilfsgröße π, das Hebelgesetz, zog zum erstenmal Quadratwurzeln, konstruierte die endlose Schraube, den Flaschenzug, Bewässerungseinrichtungen und andere technische Apparate).

204 Der römische Feldherr Scipio landet in Afrika. Hannibal wird mit seinem Heer zur Verteidigung Karthagos aus Norditalien zurückgerufen.

202 Scipio besiegt Hannibal bei Zama.

201 Friede zwischen Rom und Karthago, das Spanien abtreten und hohe Tributzahlungen leisten muß.

Römischer Hafen

200–197 Rom unterstützt Pergamon im Kampf gegen Makedonien; es gewinnt Einfluß im östlichen Mittelmeergebiet.

196 Rom erklärt alle griechischen Staaten für frei und unabhängig.
Die Berührung mit der verfeinerten griechischen Kultur verändert die bisherige einfache römische Lebensart.

168 Die Römer besiegen bei Pydna den makedonischen König und machen sein Reich zur römischen Provinz (148).

165 Aufstände der Juden unter Führung der Makkabäer gegen die syrische Herrschaft.

146 Die Römer zerstören Korinth und Karthago.

nach 140 China erlebt unter den Kaisern der Han-Dynastie (206 v. — 220 n. Chr.) eine kulturelle Blütezeit.

133 Rom erbt kampflos das Diadochenreich Pergamon und macht es zur Provinz Asia.

Soziale Unruhen in Rom. Der Volkstribun Tiberius Gracchus versucht, dem durch die Kriege ruinierten Bauernstand zu helfen. Er verlangt eine Neuregelung des Besitzes von Gemeindeland, das sich zumeist in den Händen der Großgrundbesitzer der Senatspartei befindet. Bei Unruhen wird er ermordet.

123–121 Sein Bruder Gaius nimmt das Reformwerk wieder auf, scheitert aber am Widerstand der Großgrundbesitzer.

117 Der Seeweg nach Indien wird entdeckt. Ausweitung des Handels.

113 Erstes Auftreten der germanischen Kimbern und Teutonen an der Nordgrenze des Römischen Reiches. Bei Noreja besiegen sie ein römisches Heer.

nach 113 Der römische Feldherr Marius führt eine Heeresreform durch. Er vernichtet die Teutonen bei Aquae Sextiae (102) und die Kimbern bei Vercellae (101).

91–88 Die italischen Bundesgenossen erkämpfen das volle römische Bürgerrecht (Bundesgenossenkrieg).

88 Beginn eines grausamen Bürgerkrieges zwischen den Anhängern des Marius und seines Rivalen Sulla. — Antirömischer Aufstand in Kleinasien.

82 Sulla erobert Rom, macht sich zum Diktator und läßt seine Gegner hinrichten.

73 Aufstand der Sklaven unter Führung des Thrakers Spartakus. Er wird von den römischen Feldherren Crassus und Pompejus endgültig niedergeschlagen (71).

67 Pompejus vernichtet die Seeräuber im Mittelmeer und stellt die römische Ordnung in Kleinasien wieder her.

Pergamonaltar

Zug der Kimbern nach Süden

Sulla

Spartakus-Aufstand

links: Ein Stück der Via Appia, der Straße, die Rom mit Capua und Brindisi verband, dem großen Hafen, von dem aus man nach Griechenland und dem Orient fuhr. Mit dem Bau der Straße wurde unter dem Zensor Appius Claudius Caecus im Jahre 312 v. Chr. begonnen. Der Bau von Straßen war für die Römer die Voraussetzung zur Eroberung eines Landes.

unten: Römisches Theater aus dem 2. Jahrhundert n. Chr. in Leptis Magna, einer antiken Stadt an der nordafrikanischen Küste.

oben: Überreste des Forum Romanum, des einstmaligen Mittelpunktes der Stadt Rom, wo die wichtigsten Tempel und öffentlichen Gebäude standen. Der Triumphbogen rechts mit den drei Durchgängen wurde von Kaiser Septimius Severus 203 n. Chr. errichtet. Im Hintergrund der sogenannte Senatorenpalast, der im Mittelalter auf den Trümmern des alten „Tabularium", des am Kapitol gelegenen Staatsarchivs erbaut wurde; heute ist er Rathaus.

unten von links nach rechts: Gallischer Jäger, Gaius Marius, Lucius Cornelius Sulla (s. S. 37) und Gaius Julius Caesar (s. S. 40). Im Gegensatz zu den Griechen suchten die Römer bei der Darstellung des Menschen nicht ein typisches, idealisiertes und harmonisiertes Abbild zu schaffen, sondern bemühten sich, die charakteristischen Züge jedes Menschen wirklichkeitsgetreu zu erfassen. Diese Neigung zum Realismus übernahmen die Römer von den Etruskern.

Caesar überwacht einen Brückenbau

Kleopatra

Römische Steinbrücke

Cicero

Christi Geburt

60 Bündnis zwischen Pompejus, Caesar und Crassus (1. Triumvirat).

59—51 Caesar wird Konsul. Er erobert Gallien bis zum Rhein und landet in Südbritannien. Im Jahre 52 schlägt er den Aufstand der Gallier unter Vercingetorix nieder.

Die überlegene römische Kultur breitet sich rasch in den besetzten Gebieten aus und verschmilzt mit der keltischen zu neuer Einheit.

49—46 Bürgerkrieg zwischen den Anhängern Caesars und Pompejus. Caesar überschreitet mit einer Legion den Rubikon und marschiert auf Rom.

48 Pompejus bei Pharsalus geschlagen und auf der Flucht in Ägypten ermordet. Caesar setzt Kleopatra in Ägypten als Königin ein. Bei einem Aufstand in Alexandrien geht die dortige Bibliothek mit 700 000 Bänden in Flammen auf.

46 Caesar vereinigt alle Macht im römischen Staate: als Diktator, Imperator (Feldherr), Volkstribun und Oberpriester auf Lebenszeit. Er besetzt den Senat mit seinen Parteigängern. Viele Reformen beginnen: das städtische Proletariat und die Kriegsveteranen erhalten Land; das römische Bürgerrecht wird an die Provinzen verliehen; der „Julianische Kalender" von 365¼ Tagen nach ägyptischem Vorbild eingeführt; Stadt und Straßen werden großzügig ausgebaut und Wissenschaft und Künste gefördert.

44 Caesar wird aus Furcht vor einer Verfassungsänderung und eigenmächtiger Alleinherrschaft ermordet. Die Gegenpartei wird von Brutus und Cassius geführt, die zu den Mördern Caesars gehören.

43 Tod Ciceros. Römischer Staatsmann und Philosoph, dessen klare und vorbildliche Ausdrucksweise den lateinischen Sprachstil nachhaltig beeinflußte. Berühmt sind seine Reden gegen Catilina sowie die „Philippika" (gegen Marc Anton).

42 Der Konsul Marc Anton und Caesars Großneffe Octavian besiegen gemeinsam die Caesarmörder in der Schlacht bei Philippi.

36 Marc Anton heiratet Kleopatra und verfeindet sich mit Octavian. Er wird bei Actium von Octavian geschlagen (31) und nimmt sich zusammen mit Kleopatra das Leben. Ägypten römische Provinz.

27 Octavian erhält den Beinamen Augustus. Als Imperator und Volkstribun vereinigt er wie Caesar alle Macht in seiner Person. Er will jedoch nur „erster Bürger" (princeps) sein (Regierungsform des „Prinzipats").

15 Trier (Augusta Treverorum) gegründet, älteste Stadt Deutschlands.

um 7 Jesus Christus in Bethlehem geboren.

(Nach neuen Forschungen fällt das Jahr der Geburt Christi nicht mit dem Jahr 1 der im 6. Jahrhundert entstandenen christlichen Zeitrechnung zusammen.)

Einzug eines Triumphators in Rom

Atrium eines röm. Wohnhauses

Römischer Weinkrug im Halter

um die Zeitenwende Friedensepoche im Innern des Römischen Weltreiches („Pax Augusta"). Zur Sicherung nach außen finden Grenzkriege gegen Parther und Germanen statt. Augustus setzt die von Caesar begonnene Ansiedlung altgedienter Soldaten in großem Umfang fort. Er bemüht sich besonders um die Erneuerung von Zucht und Sitte. Er achtet streng auf die Einhaltung der Disziplin im Heer, säubert den Senat von unwürdigen Mitgliedern und ernennt Beamte, die die Aufsicht über öffentliche Angelegenheiten ausüben. Augustus bestimmt, daß alle römischen Bürger heiraten und eine Familie gründen sollen und erläßt Gesetze gegen Ehebruch und Unzucht sowie gegen den Luxus. Dreimal wird eine Volkszählung durchgeführt, die eine rasche Zunahme der Bevölkerung zeigt.

Für die Verschönerung Roms scheut Augustus, der reichste Mann seiner Zeit, keine Kosten. Der Marmor wird bevorzugtes Baumaterial. Es entstehen der Altar des Friedens (Ara Pacis), prunkvolle Triumphbögen und Siegessäulen. Das Forum, der Marktplatz, wird vergrößert, das Kolosseum gebaut: ein Amphitheater größten Ausmaßes, das 50 000 Zuschauern Platz bietet.

Rom wird eine Millionenstadt mit vielstöckigen Miets- und Warenhäusern. Mehrgeschossige Aquädukte (Wasserleitungen) ermöglichen die Versorgung der Einwohner mit frischem Wasser. In den Thermen (Badeanstalten) suchen sie Erfrischung und Vergnügen.

Röm. Landfrau vor einem Aquädukt

Zusammen mit Maecenas fördert der Kaiser alle Künstler und Wissenschaftler, die seine Ziele unterstützen. Das „goldene Zeitalter" der römischen Literatur bricht an. Vergil (70 v. – 19 v. Chr.) verherrlicht in den „Bucolica" die ursprüngliche Kraft des römischen Landmannes; in der „Aeneis" gestaltet er das Heldenepos von der trojanischen Abstammung der Römer und ihrer Berufung zur Weltherrschaft. Horaz (65 – 8 v. Chr.) verfaßt Oden auf den Frieden; Livius (59 v.–17 n. Chr.) schreibt seine Annalen, ein Geschichtswerk über die große Zeit der römischen Republik. Sallust (86 – 35 v. Chr.) schildert Episoden aus den Bürgerkriegen. Ovid (43 v.–18 n. Chr.) befaßt sich in den „Metamorphosen" mit der römischen Götterwelt.

Die Lehre der „Stoiker" findet Anhänger. Ihr Ziel ist ein vollkommenes inneres Gleichgewicht der Seele und Gleichgültigkeit gegenüber äußeren Einflüssen.

Heilserwartungen der Zeit finden ihren Ausdruck in der Vergöttlichung des Augustus und im Aufkommen von Mysterienkulten.

9 nach Chr. Die Absicht des Augustus, das Gebiet zwischen Rhein und Elbe dem Reich zu unterstellen, mißlingt. Der Cheruskerfürst Arminius, der wie viele Germanen im römischen Heer gedient hat, vernichtet im Teutoburger Wald die römischen Legionen unter Varus.

Varus und Arminius

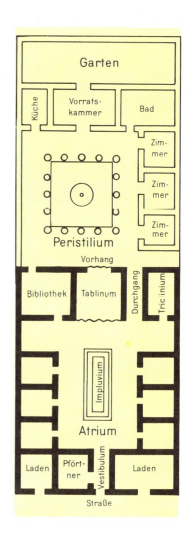

rechts: Plan eines römischen Patrizierhauses: Das Haus hat einen einzigen Eingang, der in den Vorraum, das „Vestibulum", führt (die beiden Läden an den Seiten sind nicht mit dem Haus verbunden und wurden vermietet). Der Vorraum führt in das „Atrium", ein großes Empfangszimmer: es bekommt Licht von einer rechteckigen Öffnung in der Mitte der Decke (dieser Öffnung entspricht ein gleichgroßes Becken im Boden, das „Impluvium", welches das Regenwasser auffängt). Rings um das „Atrium" liegen für verschiedene Zwecke bestimmte Räume; die wichtigsten sind das „Tablinum", der Aufenthaltsraum des Hausherrn, und das „Triclinium", das Speisezimmer. Im Innern des Hauses liegt das „Peristilium", eine Art Kreuzgang oder Wandelhalle, von dem aus man in die ruhigeren, weiter von der Straße abgelegenen Räume gelangt. An die Wirtschaftsräume (Bad, Küche usw.) schließt sich ein Garten an.

Natürlich wohnten nicht alle Römer in so prächtigen Patrizierhäusern mit Garten wie oben beschrieben (Haus der Vettier in Pompeji), die mitunter mit prächtigen Mosaikfußböden ausgestattet waren (*rechts:* Ausschnitt aus den Mosaiken der Piazza Amerina in Sizilien). Die weniger wohlhabenden Bürger begnügten sich mit sehr viel bescheideneren Mietwohnungen in Häusern mit 5 bis 6 Stockwerken, „Insulae" genannt, ohne Gärten und ohne Bäder. Sie waren aus billigem Material hergestellt, wie das Haus von Herculaneum, *s. Abbildung oben.* In diesen Häuserblocks besaßen nur die Wohnungen im Erdgeschoß Wasser und Kanalisation. Die Zahl der einfachen Häuser war weitaus größer als die der Patriziervillen, die im Laufe der Zeit und mit dem Anwachsen der Bevölkerung in der Hauptstadt aus den alten Wohnvierteln verschwanden, um immer größeren Gebäudekomplexen Platz zu machen.

Modell eines römischen Ankers. Die Römer konnten mit ihren Schiffen auch auf offener See vor Anker gehen.

unten: Der Pont du Gard, eine 269 m lange und 49 m hohe Brücke der fast 50 km langen römischen Wasserleitung über den Gard, einen Nebenfluß der Rhone bei Nîmes. Die Römer lösten das Problem der Wasserversorgung der Städte mit oft sehr eindrucksvollen Bauten, wie mit diesem Meisterwerk der Baukunst aus der Zeit um 20 v. Chr., das als Aquädukt und Brücke diente. Der Kanal, der das Wasser in die Stadt leitete, ist ungefähr 1,70 m tief und wird von drei übereinandergebauten Brükken getragen, deren unterste noch heute als Straßenbrücke benutzt wird.

Untergang Pompejis

Kaiser Nero

Martyrium des Hl. Sebastian

Auszug aus Jerusalem

Germanisches Haus

14 Tod des Augustus. Seine Nachfolger, die „Caesaren" (Kaiser), behalten die von ihm errungene Machtfülle.

um 28 Jesus Christus gekreuzigt.

um 60 In China Wiedererstarken des Han-Reiches (s. 140 v. Chr.) und erstes Auftreten des Buddhismus.

64 Brand Roms. Kaiser Nero befiehlt die erste Verfolgung der Christen, die er als Brandstifter verdächtigt. Die Apostel Petrus und Paulus erleiden den Märtyrertod.

Entstehung der Evangelien des Matthäus, Markus, Lukas und der Apostelgeschichte.

70 Die römische Besatzung in Jerusalem von Aufständischen ermordet. Zur Vergeltung plündern die Römer die Stadt und zerstören den Tempel.

79 Ausbruch des Vesuvs; Pompeji und Herculaneum zerstört. Der Naturforscher Plinius d. Ä. kommt bei der Beobachtung des Vulkanausbruches um.

um 85 Kaiser Domitian befiehlt den Bau des Limes, eines stark befestigten Grenzwalles vom Mittelrhein (bei Bonn) bis zur oberen Donau (bei Regensburg). In über 100 Kastellen lagern Wachmannschaften hinter dieser über 1000 km langen, mit zahlreichen Wachttürmen versehenen Befestigungslinie.

Lebhafter Handel und Verkehr zwischen Germanen und Römern. Die Germanen lernen von der überlegenen römischen Wirtschaft, Technik und Verwaltung. Sie übernehmen Wein- und Obstanbau, den Bau von Steinhäusern und andere kulturelle Errungenschaften. Eigene Erzeugnisse (Felle, Bernstein, Naturprodukte) werden gegen römische Töpferwaren, Gläser, Gewürze, Waffen und Schmuck eingetauscht.

Von diesem römischen Einfluß zeugen noch heute viele Lehnwörter im deutschen Sprachschatz, z. B. Münze, Straße, Mauer, Fenster, Wein, Pfund u. a.

Schriftliche Aufzeichnungen der Germanen aus dieser Zeit gibt es nicht. Nachrichten über Kultur und Sitte der Germanen überliefern uns römische Schriftsteller und Historiker wie Caesar und Tacitus.

um 100 Der römische Geschichtsschreiber Tacitus (um 55 — nach 116) verfaßt die „Germania", eine Beschreibung der Lebensweise, politischen Verhältnisse und des Götterglaubens der Germanen.

Im Schutze des Limes entstehen aus Heerlagern städtische Siedlungen: u. a. Bonn, Koblenz, Mainz, Straßburg, Augsburg, Regensburg, Passau.

um 110 Kaiser Trajan erobert Siebenbürgen und große Teile des Partherreiches. Größte Ausdehnung des Römischen Reiches.

Am Limes im Taunus

um 110   Christentum und orientalischer Mithras-Kult breiten sich aus. Die Christen verweigern die vorgeschriebene göttliche Verehrung der Kaiser, werden aber nur auf Anzeige bestraft.

117—138   Kaiser Hadrian. Er sichert das Römische Reich durch den Bau von Wällen und Grenzbefestigungen in Nordengland, Dakien und Syrien. Eine Verwaltungsreform sorgt im Innern für die Aufrechterhaltung von Ruhe und Ordnung. Glanzvoller Höhepunkt der römischen Kaiserzeit.

um 120   Die Chinesen erfinden die Kompaßnadel und stellen als erste Papier aus Lumpen her.

133   Jüdischer Aufstand in Palästina von den Römern grausam niedergeschlagen.

Chinesischer Papiermacher

um 150   Aus dem Osten heimkehrende Truppen verbreiten die Pest im Römischen Reich.
In Rom wirkt der griechische Arzt Galenus (129—199). Seine Erkenntnisse haben große Bedeutung für die Entwicklung der medizinischen Wissenschaft.
Ptolemäus (100—178), Naturforscher in Alexandria, lehrt, daß die Erde im Mittelpunkt des Weltalls stehe und Sonne, Mond und Sterne sie umkreisen.
Beginn der germanischen Völkerwanderung: Die Goten ziehen von Südschweden zum Schwarzen Meer.

nach 200   Das römische Kaisertum wandelt sich immer stärker in eine Militärmonarchie um. Das Heer erhebt und stürzt die Kaiser.

Der Hadrianswall

226   In Persien entsteht das straff zentralistisch regierte Sassanidenreich. Es zerfällt 641 unter dem Ansturm der Araber.

ab 250   Unter dem Kaiser Decius beginnen planmäßige Christenverfolgungen im ganzen Römischen Reich.

260   Alemannen durchbrechen den Limes und stoßen zum Oberrhein vor.

284—305   Kaiser Diocletian. Er gibt dem Römischen Reich eine neue Verfassung nach dem Vorbild der orientalischen Despotie (Dominat) und ernennt Mitkaiser. Erneute blutige Christenverfolgungen. Wirtschaftlicher Niedergang infolge Geldentwertung.

Porta Nigra in Trier

313   Toleranzedikt von Mailand: Das Christentum erhält unter dem weströmischen Kaiser Konstantin Religionsfreiheit.

325   In Nicäa findet das erste ökumenische Konzil aller Christen unter dem Vorsitz Kaiser Konstantins statt. Es stellt die Wesensgleichheit von Gott-Vater und -Sohn gegen die abweichende Lehre des Arius fest.

325—337   Konstantin nach dem Sieg über seinen Mitkaiser Alleinherrscher im Römischen Reich. Byzanz wird Hauptstadt. Auf dem Sterbebett läßt der Kaiser sich christlich taufen.

Taufe Kaiser Konstantins

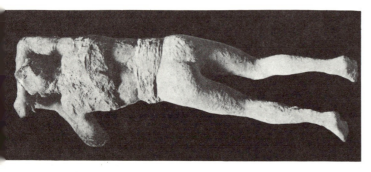

oben: Straße in Pompeji mit Gehwegen und Quersteigen (im Mittelgrund sichtbar), die aus erhöhten Steinen inmitten der Fahrbahn bestehen, damit der Fußgänger beim Überqueren der Straße sein Schuhwerk nicht beschmutzt. Die Räder der Wagen fahren in den breiten Rinnen zwischen den Steinen hindurch.

links: Einwohner von Pompeji, der beim Ausbruch des Vesuvs (s. S. 44) umgekommen ist. Bei den Ausgrabungen füllte man den von dem verwesten Körper in der Asche hinterlassenen Hohlraum mit Gips aus und erhielt auf diese Weise einen genauen Abguß.

rechts: Ruinen des Flavischen Amphitheaters, des sogenannten Kolosseums, in Rom. Die riesige Arena wurde im Jahre 60 n. Chr. eingeweiht. Sie ist 188 m lang und faßt ungefähr 50 000 Zuschauer.

unten: Der Titusbogen in Rom, im Jahre 81 n. Chr., nach dem Kriege gegen die Juden erbaut, um den Sieg des Kaisers und die Zerstörung Jerusalems zu feiern (s. S. 44). Es war üblich, daß die Kaiser zur Verherrlichung ihrer Taten Triumphbögen und -säulen aufrichten ließen.

Bestattung eines germanischen Heerkönigs

Teilung des
Römischen
Weltreiches

Weström.
Reich (Rom)

Oström. Reich (Konstantinopel)

Attila

Vandalen in Rom

Grab Theoderichs in Ravenna

um 350 Blüte der Sanskrit-Literatur in Indien.

Westgoten lassen sich taufen. Bischof Wulfila (um 311—383) übersetzt die Bibel ins Gotische.

375 Die Hunnen fallen in Südosteuropa ein. Sie geben den Anstoß zu der großen Völkerwanderung, in deren Verlauf germanische Völkerschaften in das Gebiet des Römischen Reiches eindringen und dort eigene Reiche gründen.

391 Das Christentum wird Staatsreligion des Römischen Reiches.

394 Ende der Olympischen Spiele im Altertum.

395 Teilung des Römischen Reiches unter die Söhne des Kaisers Theodosius. Hauptstädte: Rom und Byzanz (Konstantinopel). Das Schwergewicht des Reiches verlagert sich nach Osten.

Der Kirchenvater Hieronymus (um 340—420) übersetzt die Bibel ins Lateinische (Vulgata).

401 Die Westgoten fallen in Italien ein.

406 Die Vandalen stoßen bis Spanien vor.

410 Rom wird von den Westgoten erobert.

nach 410 Der Kirchenlehrer Augustinus (354—430) schreibt seine „Bekenntnisse" und den „Gottesstaat".

418 Die Westgoten gründen ein Reich in Südfrankreich und Nordspanien.

nach 430 Die Vandalen setzen nach Nordafrika über.

Angeln, Sachsen und Jüten wandern in Britannien ein.

434—453 Der Hunnenkönig Attila breitet seine Herrschaft bis zum Rhein aus.

451 Auf den Katalaunischen Feldern (Mittelfrankreich) treten Germanen und Römer gemeinsam den Hunnen entgegen. Die Hunnen werden besiegt und ziehen sich nach Osten zurück. Nach dem Tode Attilas zerfällt sein Reich.

455 Plünderung Roms durch Vandalen.

476 Ende des weströmischen Reiches. Der jugendliche Kaiser Romulus Augustulus wird von germanischen Soldaten abgesetzt, der germanische Feldherr Odoaker zum König ausgerufen.

486 Der Merowingerfürst Chlodwig gründet im ehemals römischen Gallien das Frankenreich.

493—526 Der Ostgotenkönig Theoderich besiegt Odoaker und errichtet ein Königreich. Er versucht, römisches und germanisches Wesen zu vereinen. Seine Ratgeber sind römische Gelehrte, u. a. Boethius (um 480—524). Den Römern überläßt er die Verwaltung und Rechtsprechung, den Goten die militärische Macht. Sein Grabmal ist architektonisch bemerkenswert.

Die Taufe Chlodwigs in Reims

496 Chlodwig und seine Gefolgsleute nehmen den katholischen Glauben an. Damit treten die Franken in enge Beziehung zu dem Bischof von Rom, der als Nachfolger Petri den Vorrang vor allen Bischöfen beansprucht (Primat des Papstes).

527—565 Kaiser Justinian. Nochmalige große Machtentfaltung des oströmischen Reiches. Justinian läßt das römische Recht im Corpus Juris zusammenfassen, das zur Grundlage für die gesamte europäische Rechtsentwicklung wird.

Kaiser Justinian

529 Benedikt von Nursia (um 480— um 550) gründet in Italien das Kloster Monte Cassino; er fordert von seinen Mönchen das Gelübde der Armut, der Ehelosigkeit und des Gehorsams.

Schließung der Hochschule in Athen, Ende des heidnisch-antiken Lehrbetriebs.

534 Der oströmische Feldherr Belisar erobert das nordafrikanische Vandalenreich.

um 540 Das von den Chinesen streng gehütete Geheimnis der Seidenherstellung wird in Europa bekannt. Die Oströmer bauen eine Seidenindustrie auf.

Der Buddhismus gelangt nach Japan.

Benedikt von Nursia

553 Der oströmische Feldherr Narses besiegt die Goten in der Schlacht am Vesuv und unterwirft ganz Italien der Herrschaft Ostroms.

568 Die Langobarden gründen ein Reich in Oberitalien.

596 Papst Gregor I. schickt Missionare nach England und Irland.

um 600 Blütezeit des Maya-Reiches in Mexiko. Tempelstädte mit pyramidenartigen Tempeln entstehen. Die Mayas besitzen eine Hieroglyphenschrift, ein Zahlensystem und einen Kalender. Sie bauen Mais, Bohnen, Kartoffeln, Pfeffer, Kakao und Tabak an. Kunstvolle Töpfer- und Webarbeiten. Ihren Göttern bringen sie Tier- und Menschenopfer dar.

618 In China beginnt die politisch und kulturell glanzvolle Epoche der T'ang-Dynastie (bis 907). Die chinesischen Kaiser dehnen ihre Macht von Korea bis zum Kaspischen Meer aus.

Mohammed

622 Mohammed wandert mit den Anhängern seiner Lehre nach Medina aus (Beginn der arabischen Zeitrechnung). Seine Lehre besteht aus heidnischen, jüdischen und christlichen Elementen. Sie verlangt unbedingte Hingabe (= Islam) an den Willen des einzigen, allherrschenden Gottes Allah.

Die Aussprüche des Propheten werden nach seinem Tode im Koran (= Lesung) aufgezeichnet. Mekka mit dem Heiligtum der Kaaba ist Mittelpunkt der neuen Religion. Sie verbreitet sich schnell über den größten Teil Arabiens.

Nach Mohammeds Tod (632) wählen seine Anhänger Stellvertreter des Propheten als geistliche und politische Führer: die Kalifen.

Der Koran

oben: Innenhof der Abtei von Monte Cassino, die aus dem von dem Hl. Benedikt im Jahre 529 gegründeten Kloster entstanden ist. Sie wurde im Zweiten Weltkrieg 1944 zerstört und später wieder aufgebaut.

unten: Palast des Ostgotenkönigs Theoderich, Mosaik in der Kirche Sant'Apollinare Nuove in Ravenna aus dem 6. Jahrhundert.

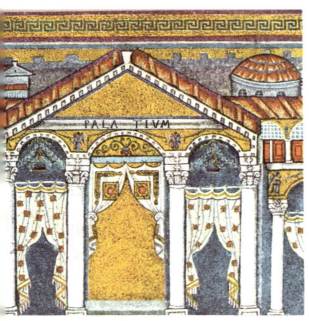

rechte Seite, oben: Mohammed weiht den schwarzen Stein von Mekka, mohammedanische Malerei aus dem 14. Jahrhundert. Der schwarze Stein, ein Meteor, war schon vor dem Islam als Sitz vieler Götter verehrt worden. Er wurde in der Kaaba aufbewahrt und zur heiligsten Reliquie der Moslems, die glauben, er sei ein in Sünde gefallener Engel, den Gott in einen Stein verwandelt habe; am Tage des Jüngsten Gerichtes werde er seine Engelsgestalt wiedererhalten.

rechts: Die Hagia Sophia, die Basilika der „Heiligen Weisheit" in Konstantinopel, ein Meisterwerk byzantinischer Kunst. Unter Kaiser Justinian (s. S. 49) wurde sie 532—537 erbaut und nach der Eroberung von Byzanz durch die Türken in eine Moschee umgewandelt (1453). Seit 1935 befindet sich in ihr ein Museum für römische und byzantinische Kunst.

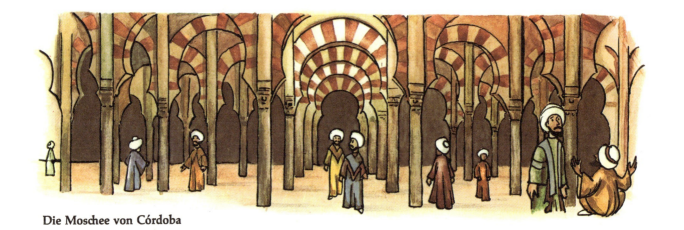

Die Moschee von Córdoba

Chinesischer Porzellantöpfer

Schlacht bei Tours und Poitiers

Signum Karls des Großen

Kaiserkrönung Karls

627—649 Kaiser T'ai-tsung, der bedeutendste Herrscher Chinas im Mittelalter, unterwirft feindliche Grenzvölker und dehnt seinen Einfluß bis nach Japan aus. Während seiner Regierung gelangen die ersten christlichen Missionare nach China.

630—732 Die Araber erobern weite Gebiete Nordafrikas und Vorderasiens.

um 650 Die Chinesen erfinden das Porzellan.

711 In der Schlacht bei Xeres de la Frontera vernichten die Araber das Gotenreich in Spanien.

718 Der angelsächsische Missionar Winfried (nach seiner Weihe zum Bischof Bonifatius genannt) beginnt, die Thüringer und Hessen zum Christentum zu bekehren und neue Diözesen zu gründen. Auf einer Missionsreise zu den Friesen erleidet er 754 den Märtyrertod.

732 Der fränkische Hausmeier (Würdenträger am Merowingerhof) Karl Martell schlägt bei Tours und Poitiers eine arabische Vorhut zurück.

um 750 In China dichtet der große chinesische Lyriker Li Tai Pe.

Das angelsächsische Beowulf-Epos, das älteste germanische Heldenlied, entsteht.

Bei den Franken Anfänge des Lehnswesens: Der Hausmeier verleiht an „Vasallen" (= Ritter) Land, damit sie ihm Kriegsdienste leisten. Lehnsherr wie Vasall sind zu besonderer gegenseitiger Treue verpflichtet.

751 Der Hausmeier Pippin setzt den letzten Merowingerkönig ab. Er läßt sich vom fränkischen Adel zum König wählen und nach Zustimmung des Papstes von Bonifatius zum König salben. Der Papst erbittet dafür Unterstützung gegen die Langobarden.

754 Nach dem Sieg über die Langobarden überläßt Pippin dem Papst einige langobardische Gebiete (Pippinsche Schenkung). So entsteht der Kirchenstaat. Fränkisches Königtum und römisches Papsttum gehen damit eine für die weitere abendländische Geschichte bedeutsame Bindung ein.

756 In Spanien wird das arabische Emirat von Córdoba errichtet.

768 Karl, der Sohn Pippins, wird König der Franken. Er vereinigt alle germanischen Stämme in seinem Reich, das von Spanien und Oberitalien bis zur Elbe reicht. Schwere Kämpfe z. B. gegen die Sachsen unter Widukind, gegen Avaren und Slawen. In den Grenzgebieten (Marken) setzt er Grafen mit besonderen Vollmachten ein. Karl wird zum angesehensten Herrscher in Europa.

786—806 In Bagdad regiert der wegen seiner Weisheit berühmte Kalif Harun al Raschid.

800 Karl wird am Weihnachtstag vom Papst zum Kaiser gekrönt. Er übernimmt die Schutzherrschaft über das Christentum im Abendland. Von den Kaisern in Byzanz wird er nach längerem Zögern anerkannt.

Fränkische Kaiserpfalz

um 800 Karl der Große teilt das Reich in Grafschaften. Königsboten überwachen in seinem Auftrag die Tätigkeit der örtlichen Behörden. Bei Vergehen fällen neu eingerichtete Schöffengerichte (anstelle der gesamten Gemeinde) das Urteil. Der Kaiser residiert in den „Pfalzen" (= Hofpalästen) Aachen, Worms, Ingelheim, Pforcheim, Aibling. An seinen Hof beruft er angesehene Wissenschaftler und Theologen. Er bemüht sich durch Gründung zahlreicher Schulen, den Bildungsstand, vornehmlich der Geistlichen, zu heben. Da fast nur die Geistlichen lesen und schreiben können, führen sie nach Anweisung Karls die Kanzleigeschäfte.

Karl befiehlt die Sammlung germanischer Rechte und die Aufzeichnung von Heldensagen und -liedern.

Karolingische Kirche

In Japan Beginn der Heian-Zeit (bis 1192). Der kaiserliche Hof wird nach Heian, dem späteren Kioto, verlegt. Hier entwickelt sich nach chinesischem Vorbild ein glanzvolles Kulturzentrum. Die Familie Fujiwara stellt regelmäßig die Kanzler des Reiches (bis 1200) und bestimmt die Politik.

In Indien breiten sich Hinduismus und Islam aus. Sie verdrängen den Buddhismus. Ausklang der „klassischen Zeit" der indischen Kunst, die namentlich in der Baukunst hervorragende Werke hervorbrachte.

Nordgermanische Wikinger (= Waräger, von den Slawen „Rus" genannt) dringen mit großen, seetüchtigen Kielbooten auf den Flüssen von der Ostsee aus nach Osteuropa vor. Erste Staatsbildungen auf slawischem Boden in Nowgorod und Kiew (862).

Fränkischer Krieger um 800

Andere Wikinger überfallen die Küstengebiete Westeuropas und plündern London (836), Paris und Hamburg (845).

Die Wikingerstadt Haithabu an der Schlei wird zu einem wichtigen Handelsplatz im europäischen Norden.

808 Der Dänenkönig Gottfried verhindert durch den Bau eines Schutzwalles quer durch Schleswig das weitere Vordringen Karls des Großen.

814 Tod Karls des Großen. Sein Sohn Ludwig der Fromme teilt 817 das Reich nach fränkischem Brauch unter seine Söhne.

Die daraus entstehenden Kämpfe um die Vorherrschaft unter den Nachfolgern sind der Grund für den Verfall des Karolingerreiches.

Wikingerstadt Haithabu

820 Wikinger gründen Staaten in Irland.

826—927 Araber erobern Kreta und Sizilien.

830 Der „Heliand", ein Epos vom Leben und Sterben Christi in germanischer Sicht, wird von einem sächsischen Mönch in Stabreimen gedichtet.

Andere althochdeutsche Sprachdenkmäler aus diesem Zeitraum: das Wessobrunner Gebet, Muspilli (die Sage vom Weltenbrand, Weltuntergang), Vaterunser- und Glaubensbekenntnis-Übersetzungen, Beicht- und Segensformeln usw.

Wikingerschiff

unten: Außenansicht des Aachener Münsters. Mittelpunkt des aus verschiedenen Jahrhunderten stammenden Baues ist die 805 eingeweihte Pfalzkapelle, die Karl der Große nach dem Vorbild der Kirche von San Vitale in Ravenna errichten ließ: sie besteht aus einem achteckigen, zweigeschossigen Innenraum mit dem Marmorthron Karls d. Gr. im Obergeschoß. Hier wurden bis 1531 die deutschen Könige gekrönt. Zum Münsterschatz gehört der „Karlsschrein", in dem die Gebeine Kaiser Karls des Großen ruhen.

oben: Polo spielender Ritter, chinesische Keramik aus der T'ang-Dynastie (618—907).

unten: Die Eiserne Krone aus Mailand, mit der sich die Könige von Italien 888 (Berengar) bis 1805 (Napoleon) krönten. Der äußere, goldene, mit Edelsteinen geschmückte Reif umschließt einen inneren, eisernen Ring; byzantinische Arbeit aus dem 9. Jahrhundert.

unten: Karl der Große im Krönungsornat: in der rechten Hand das Schwert, in der linken die Weltkugel, die Zeichen seiner Herrschaft; Teil einer 30 cm hohen, bronzenen Reiterplastik aus dem 9. Jahrhundert. Bei dem aufgefundenen Original fehlte das Schwert. Es ist nachträglich ergänzt worden. Kaiser Karl der Große wird hier so dargestellt, wie ihn sein Biograph und Zeitgenosse Einhard beschreibt, kurzbärtig und nicht mit einem langwallenden Bart, mit dem ihn spätere Legenden ausstatteten.

oben: Kamel; chinesische Keramik aus der T'ang-Dynastie (s. S. 54). Die Plastiken dieser Zeit zeichnen sich durch hohen künstlerischen Realismus aus.

unten: Evangelienbuch aus dem Schatz der Langobardenkönigin Theodelinde (gest. 626), eine kostbare orientalische Arbeit, die der Königin von Papst Gregor I. (590—604) als Geschenk übersandt worden war.

Mönche bei der Arbeit

Die Entwicklung der Zahlzeichen

A 723846759

B 123896789

C 123456789

A indische Ziffern
B westarabische Ziffern
C abendländische Ziffern

Alfred der Große

Wahrzeichen des Klosters Cluny

König Heinrich I.

842   In Straßburg geloben sich die Söhne Ludwigs des Frommen, Karl der Kahle und Ludwig der Deutsche, Beistand gegen ihren Bruder Lothar I., den Erben der Kaiserwürde. Ludwig schwört in altfranzösischer Sprache, Karl in althochdeutscher. Diese Eide sind das älteste erhaltene Denkmal für die verschiedene sprachliche Entwicklung in dem west- und ostfränkischen Gebiet.

843   Durch den Vertrag von Verdun wird das karolingische Reich in drei Teile geteilt: Westfranken, Ostfranken und Lotharingien (das Italien einschließt). Mit diesem Vertrag beginnt in Frankreich und Deutschland eine getrennte staatliche Entwicklung.

um 850   In Europa liegt die Pflege und Ausbreitung der Kultur in der Hauptsache bei den Klöstern. Die Mönche sind lese- und schreibkundig, sie treiben Ackerbau und Viehzucht, pflegen Kranke, bauen Kirchen und Häuser.

865   Die griechischen Mönche Kyrill und Methodius verbreiten das Christentum im Slawenland. Sie feiern die Liturgie in der Sprache der einheimischen Bevölkerung.

870   Nach dem Tode Lothars II. wird von den Erben Ost- und Westfrankens Anspruch auf sein Reich erhoben. Im Vertrag von Mersen regeln sie endgültig die Zweiteilung des Karolingerreiches. Infolge der sinkenden Macht der Herrscher erstarken die Führer der einzelnen Gaue, die Stammesherzöge, und werden selbständig.

871—899   König Alfred der Große vereinigt die angelsächsischen Teilreiche unter seiner Führung. Er schlägt die dänischen Wikinger zurück, die seine Oberhoheit anerkennen müssen und das Christentum annehmen. Alfred befiehlt die Sammlung der verschiedenen angelsächsischen Stammesrechte und übersetzt selbst historische, philosophische und theologische Schriften. Anfänge einer englischen Nationalliteratur.

872   Norwegen wird von König Harald Harfagr geeint.

um 880   In Samarkand bildet sich unter der Dynastie der Samaniden (bis 1220) ein geistiger Mittelpunkt der islamischen Welt. Die Araber übernehmen von den Indern mathematische Kenntnisse und Zahlzeichen. Später gelangen diese als arabische Ziffern nach Europa.

um 900   In Bulgarien errichtet Simeon ein christliches Großreich und läßt sich zum „Zar" (= Kaiser) krönen.

nach 900   In Kambodscha entsteht der mächtige Khmer-Staat (Hauptstadt Angkor). Es werden gewaltige Tempelanlagen zu Ehren der hinduistischen Gottheiten erbaut. Hohe Kunst der Reliefplastik.

911   Die Normannen lassen sich in Nordfrankreich (Normandie) nieder.

919   Sachsenherzog Heinrich wird deutscher König. Er erreicht durch Verhandlungen mit den anderen Stammesherzögen die Anerkennung seiner Würde.

**Burg Meißen,
eine Gründung Heinrichs I.**

Ungarischer Krieger

um 919	Ein asiatisches Reitervolk, die Ungarn, plündern in alljährlichen Raubzügen Westeuropa. König Heinrich legt zur Sicherung Burgen an und befestigt Ortschaften.
925	Das nach dem Zerfall des Karolingerreiches selbständig gewordene Herzogtum Lothringen schließt sich dem deutschen Reich an.
933	Sieg Heinrichs I. über die Ungarn an der Unstrut.
936—973	Der von allen deutschen Stämmen zum König gewählte Otto I. errichtet eine starke Zentralgewalt. Mehrfache Empörungen der Herzöge gegen ihn wirft er mit Hilfe der geistlichen Fürsten nieder, denen er zum Dank weltliche Regierungsrechte überträgt. Bischöfe und Äbte werden Reichsbeamte, die Kirche wird Stütze des Königtums („Ottonische Reichskirche").

Das eroberte slawische Gebiet bis zur Oder wird deutschen Markgrafen unterstellt und kirchlich dem 962 gegründeten Erzbistum Magdeburg zugewiesen.

**Romanischer
Säulenkopf
(Kapitell)**

um 950	Beginn einer kirchlichen Reformbewegung gegen die Verweltlichung von Geistlichen und Mönchen in den Klöstern Cluny bei Lyon, Gorze in Lothringen.

Der romanische Baustil, gekennzeichnet durch Rundbogen an Türen und Fenstern und wuchtige Mauern, beginnt sich in Deutschland auszubreiten.

955	Otto I. besiegt die Ungarn auf dem Lechfeld bei Augsburg. Die Ungarn werden in der Donauebene seßhaft und nehmen das Christentum an.
962	Otto I. läßt sich in Rom vom Papst zum Kaiser krönen. Er erneuert das Kaisertum Karls des Großen („Ottonische Renaissance").

Die Auseinandersetzung mit den byzantinischen Herrschern um den Besitz Unteritaliens endet mit dem Sieg Ottos und der Vermählung seines Sohnes mit der byzantinischen Prinzessin Theophanu.

Romanisches Fenster

nach 964	Südamerika: Die Maya wandern nach Nord-Yukatan aus und gründen das „Neue Reich" (bis 15. Jh.). Die Tolteken erobern die Maya-Stadt Chichén Itza.
965	König Harald Blauzahn von Dänemark läßt sich christlich taufen.
966	König Miesko von Polen tritt zum Christentum über.
976	Die deutsche Ostmark wird den Babenbergern unterstellt und mit besonderen Vorrechten ausgestattet. Beginn einer selbständigeren Entwicklung.
982	Das Heer des deutschen Kaisers Otto II. wird in Kalabrien von den Arabern geschlagen.
983	Ein großer Slawenaufstand zwingt zur Rückverlegung der deutschen Ostgrenze auf die Elbe-Saale-Linie.

Kaiser Otto I.

r̄ ē onrce facrerp̄;

ungucraedr̄ γ
m armæ copoſicaℓ
ln æ tacē̄ boni
trāē̄ ſeolānuſ.

arnar uiſtæ; uiſtū
bonu opēℓp̄ ſincep̄i
τ pulūcēℓe̅ redireēē
ēeſeēe. ℓ ſubahℓ̄ā
don feſu depˢ̄g̅n̄aſſ
τ bonib; con cˢ̄mar
pr acˢ̄ſuˢ̄ nar. ℓ ab
und̄a ceraēℓ ȳ nuīeſ;
ccaraſſ ln cen ſōē.
quˢ̄mag̅ˢ̄ humilˢ̄
eſe ſub leuˢ̄caīr.
uˢ̄qb; delecaīur̄.
odoſēn ſuaruˢ̄ſſ̄
p̄o ex̄olˢ̄ p̄ſℓ leggˢ̄a
τ lux̄caīr coˢ̄ˢ̄arn̄
ˢ̄cruſeīr. ℓ oˢ̄ſcˢ̄an
emcēnu anˢ̄gelℓ
eoˢ̄coˢ̄egonˢ̄b; ſcˢ̄oˢ̄x̄

IBERXVIII.
XVIIII.

Uᵘlcaīer ēſt quˢ̄ex̄ ſſ̄rū̄maīr ut uīneaᵣ
mexˢ̄gno laᵣboˢ̄ſquepˢ̄rū̄aē̄ obln colēndo
uˢ̄ocaīrˢ̄ ̄ ̄ Drᵘdge ā̄ arˢ̄naquˢ̄oˢ̄pˢ̄
lnhuſ duobː epˢ̄anℓ̄ bˢ̄aē̄ pˢ̄uˢ̄eˢ̄ſeˢ̄.
ℓ bˢ̄aē̄ eˢ̄oˢ̄ſeˢ̄ ̄ ̄ Culcaīer aˢ̄g̅ſℓ̄ cˢ̄rnˢ̄ſˢ̄ aˢ̄ſaˢ̄rˢ̄g̅o.

links: Altardecke von dem Hauptaltar der Basilika S. Ambrogio in Mailand: eine Gold- und Silberarbeit des deutschen Goldschmiedes Volvinus (838).

unten links: Kreuzgewölbe und Rundbogen sind die charakteristischen Elemente des romanischen Baustils, der im 10. Jahrhundert von Italien seinen Ausgang nimmt. Die Romanik erhält je nach dem Land, in dem sie entsteht, einen verschiedenen Ausdruck.

unten: Außenansicht der Basilika S. Ambrogio in Mailand, eine der bedeutendsten frühromanischen Kirchen Italiens, vollendet im 12. Jahrhundert.

Leiv Erikson landet in Nordamerika (Vinland)

König Stephan von Ungarn

Kaufmann vor einer Stadt (im Bau)

Das Reich Knuts des Großen

987 Hugo Capet wird in Reims zum König von Frankreich gewählt. Die Dynastie der Kapetinger regiert in direkter männlicher Erbfolge bis 1328, in den Nebenlinien (Anjou, Valois, Bourbon, Orléans) mit Unterbrechungen durch die Revolutionen bis 1848.

988 Großfürst Wladimir von Kiew heiratet die byzantinische Prinzessin Anna. Er läßt sich taufen und führt in Rußland das Christentum griechisch-byzantinischer Prägung ein.

991 König Ethelred von England erhebt von seinen Untertanen das „Danegeld", die erste allgemeine Steuer eines mittelalterlichen Staates, um den Dänen den geforderten Tribut zahlen zu können.

992—1025 Boleslaw I. Chrobry aus dem Geschlecht der Piasten gelingt die Einigung des polnischen Reiches. Er fördert durch Unterstützung christlicher Missionare Kultur und Wirtschaft in seinem Land. Kaiser Otto III. überträgt ihm im Jahre 1024 die Königskrone.

997—1038 Unter König Stephan wird Ungarn christlich. Er organisiert das Reich nach fränkischem Vorbild durch Einteilung in Grafschaften (Komitate).

um 1000 Zahlreiche Städte entstehen im deutschen Reich. Der König verleiht ihnen das Recht, regelmäßig Märkte zu veranstalten, Waren zu stapeln und Gericht zu halten. Rascher Zuzug von Kaufleuten und Handwerkern, die früher in Dörfern und Herrensitzen ihrem Beruf nachgegangen waren.

Leiv Erikson, Sohn des Norwegerfürsten Erik des Roten, der die Küsten Grönlands besiedelt hat, landet in Labrador und entdeckt Amerika.

Die Isländer nehmen das Christentum an.

Die unter Führung eines Dogen (= Herzogs) stehende Stadt Venedig steigt zur führenden Handelsmacht im Mittelmeerraum auf.

Turkvölker (Seldschuken, Osmanen) dringen in Kleinasien ein und vermischen sich mit der dortigen Bevölkerung.

1002—1024 In Deutschland stellt Heinrich II. das Ansehen der Königsmacht wieder her, die unter den Weltreichplänen seines Vorgängers, Ottos III., der hauptsächlich in Rom residierte, gesunken war. Wiederholte Kämpfe gegen Boleslaw I. von Polen um Böhmen und die Grenzmark Meißen.

1014 Der byzantinische Kaiser Basileios II. (976—1025) unterwirft die Bulgaren; Westbulgarien wird byzantinische Provinz (1018).

1016—1035 Knut der Große vereinigt Dänemark, England, Schottland und Norwegen zu einem Königreich. Es zerfällt aber nach seinem Tode.

Schlacht bei Hastings

1019—1054 Unter dem Großfürsten Jaroslav von Kiew entfaltet sich eine eigenständige russisch-byzantinische Kultur. Jaroslav pflegt auch die wirtschaftliche und kulturelle Verbindung zum westlichen Abendland.

1020 König Olaf II. führt in Norwegen das Christentum ein.

1024—1039 Im deutschen Reich herrscht Konrad II. aus dem Geschlecht der Salier. Er erneuert die Lehnshoheit über Polen und gewinnt das Königreich Burgund nach dem Aussterben der Herrscher dazu. Den kleinen Vasallen gesteht er die Erblichkeit ihrer Lehen zu.

Sophienkirche in Kiew

1039—1056 Kaiser Heinrich III. fördert die kirchliche Reformbewegung, die sich vom Kloster Cluny ausbreitet (siehe S. 57). Die Reformer fordern strenge Beachtung des Zölibats (Ehelosigkeit der Priester) und lehnen jede Einmischung weltlicher Gewalten in kirchliche Angelegenheiten ab. Sie wenden sich gegen die damals häufig geübte Simonie (d. h. den Verkauf geistlicher Ämter) sowie gegen die übliche Einsetzung geistlicher Würdenträger durch weltliche Herren (Laieninvestitur).

Heinrich III. gebietet zur Einschränkung der Fehden zwischen Adligen den „Gottesfrieden", der Kämpfe von Mittwoch abend bis Montag früh und an Feiertagen untersagt.

1046 Heinrich III. setzt auf der Synode zu Sutri drei sich gegenseitig bekämpfende Päpste ab. Es folgen der Reformbewegung nahestehende Päpste.

Runenstein der Wikinger

um 1050 Größte Ausdehnung des römisch-deutschen Kaiserreiches. Es umfaßt etwa 700 000 qkm mit ungefähr 5,5 Mill. Einwohnern.

Nachdem in China der Blockdruck (= Druck von Platten) bereits seit dem 10. Jahrhundert bekannt ist, wird nun der Druck von beweglichen Lettern erfunden.

1054 Der Papst und der Patriarch von Konstantinopel bannen sich gegenseitig. Die Spaltung (Schisma) zwischen der römisch-katholischen und griechisch-orthodoxen Kirche beginnt.

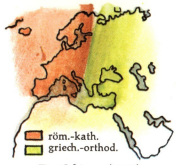

röm.-kath.
griech.-orthod.

Das Schisma (1054)

1059 Die Kardinäle gewinnen durch ein Dekret (= Erlaß) des Papstes den bestimmenden Einfluß bei der Wahl eines neuen Papstes.

1066 Wilhelm der Eroberer, Herzog der Normandie, setzt mit einem Invasionsheer über den Kanal, schlägt bei Hastings den englischen König Harald und läßt sich selbst zum englischen König wählen. Adel und Kirche werden einer starken Königsgewalt unterstellt.

1070 Der berühmte Teppich von Bayeux zeigt auf 70 m Länge Darstellungen der Eroberung Englands.

Die Normannen landen in England

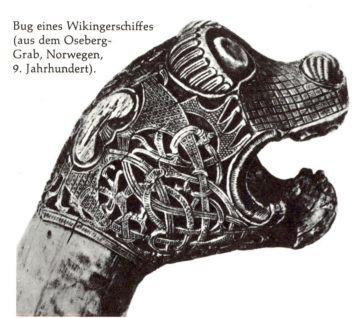

Bug eines Wikingerschiffes (aus dem Oseberg-Grab, Norwegen, 9. Jahrhundert).

Ausschnitte aus dem Wandteppich von Bayeux (Normandie). Der im 11. Jahrhundert entstandene, rund 70 m lange, mit Wolle bestickte Teppich schildert in zeichnerisch erstaunlich lebendigen Szenen die wichtigsten Episoden der Eroberung Englands durch die Normannen (s. 1066, 1070).

oben: Die normannische Flotte landet im englischen Hafen Pevensey.

unten: Der angelsächsische König Eduard der Bekenner (1042—1066), der Vorgänger des von den Normannen besiegten Königs Harald, empfängt normannische Gesandte. Er soll dem Normannenherzog Wilhelm (s. S. 63 unten links) die Nachfolge auf den angelsächsischen Thron versprochen haben.

rechts: Bauern erscheinen mit ihren Ackergeräten auf den Schultern vor ihrem Lehnsherrn, um Aufträge entgegenzunehmen; Ausschnitt aus einer Buchmalerei. Während des ganzen Mittelalters bleibt der Ackerbau die Grundlage der Wirtschaft; Handel und Handwerk gewinnen erst mit dem Anwachsen der Städte (s. um 1000) an Bedeutung. Jede Siedlung bildet eine kleine, fast unabhängige Welt für sich. Die Bauern treten dem Lehnsherrn für den Schutz ihrer Äcker einen Teil der Erträge ab und arbeiten eine bestimmte Anzahl von Tagen auf seinen Feldern.

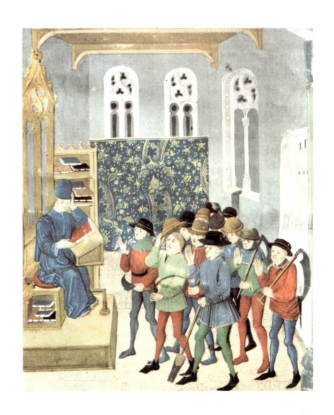

oben: König Knut (s. S. 60) stellt mit Hilfe seiner Gemahlin ein Kreuz auf einem Altar auf; Miniatur aus dem 13. Jahrhundert. Zum Zeichen, daß das Königspaar im Auftrag Gottes handelt und die Herrschaft ausübt, berühren Engel die Krone des Königs und das Gewand der Königin.

rechts: Inneres der Klosterkirche Ste. Madeleine in Vezelay, um 1130 erbaut. Der um 1200 angefügte Chor (im Hintergrund) besitzt frühgotische Spitzbögen.

links: Wilhelm der Eroberer; Miniatur des 12. Jahrhunderts.

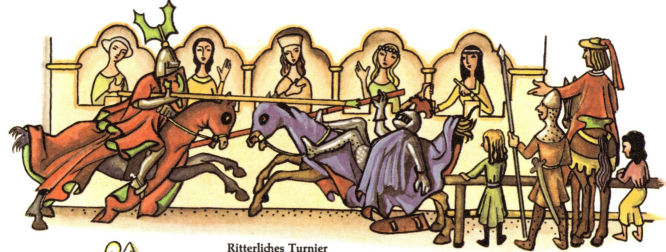

Ritterliches Turnier

Heinrich IV. vor Gregor VII.

1075 Papst Gregor VII. verbietet dem deutschen König Heinrich IV. unter Androhung des Kirchenbannes, Bischöfe und Äbte einzusetzen. Dieses Verbot löst den Investiturstreit aus (Investitur = Einsetzung).

1076 Heinrich IV. fordert, unterstützt von den deutschen Bischöfen, den Papst zum Rücktritt auf. Gregor VII. bannt den König und entbindet damit die Fürsten und Lehnsträger von ihrem Treueid gegenüber Heinrich.

1077 Durch einen Bußgang nach Canossa, wohin sich der Papst zurückgezogen hat, erreicht Heinrich die Lösung des Kirchenbannes.

1084 Heinrich IV. zieht nach Rom, verjagt Gregor VII. und läßt sich von einem Gegenpapst zum Kaiser krönen.

1085 König Alfons VI. von Kastilien gewinnt Toledo von den Arabern zurück. Die Rückeroberung (Reconquista) der Iberischen Halbinsel durch christliche Fürsten wird durch den Zerfall des Kalifats in Kleinstaaten begünstigt.

1085–1086 In England entsteht das Domesday Book, das erste Grundbuch Europas, das den Steuerbehörden Auskunft über den Grundbesitz gibt.

Gottfried von Bouillon

1094 Ruy Diaz, von den Arabern (Mauren) der „Cid" genannt, erobert Valencia und gründet dort einen eigenen Herrschaftsbereich.

1095 Seldschuken haben Syrien und Palästina besetzt. Papst Urban II. ruft zur Befreiung des „Heiligen Landes" durch einen Kreuzzug auf. Er gewährt für die Teilnahme daran erstmalig einen „Ablaß".

Kreuzfahrerschiff

1096–1099 Erster Kreuzzug: Die Christen erobern Jerusalem. Ihr Anführer, Graf Gottfried von Bouillon, wird „Schützer des Heiligen Grabes"; seine Nachfolger nehmen den Titel „König von Jerusalem" an. Erfolgreiche Gegenangriffe der Türken machen im Verlauf der nächsten zwei Jahrhunderte weitere Kreuzzüge erforderlich. Während der Kreuzzüge entstehen geistliche Ritterorden, u. a. die Johanniter, Templer, Deutschherren (Deutschordensritter). Obwohl die Kreuzzüge keinen dauerhaften militärischen Erfolg bringen, haben sie doch für Europa weitgehende Folgen: Sie stärken das Gemeinschaftsempfinden der europäischen Nationen, vertiefen die Religiosität (Aufkommen der Mystik) und tragen zu einem Aufschwung des europäischen Geisteslebens bei (Übernahme der arabischen Ziffern, Wiederentdeckung der von arabischen Gelehrten übermittelten aristotelischen Philosophie). Vermehrter Warenaustausch mit dem Orient.

nach 1100 Die Inka beginnen im Hochland der Anden ein Reich zu errichten.

1119 Die Universität von Bologna wird gegründet, eine Hochschule der Rechtswissenschaft.

1122 Im Wormser Konkordat wird der Investiturstreit durch einen Kompromiß vorläufig beigelegt. Weltliche und geistliche Macht nehmen nunmehr eine getrennte Entwicklung. Die Nationalstaaten erstarken.

Inkakrieger

Kreuzzugspredigt Bernhards von Clairvaux

1125—1137 Der deutsche Kaiser Lothar von Sachsen überträgt die Nordmark seines Reiches dem Markgrafen Albrecht von Ballenstedt („der Bär"), der sie durch Eroberungen zur Mark Brandenburg erweitert.
Bauern, Handwerker und Ritter aus dem westdeutschen Raum ziehen im Verlauf der nächsten Jahrhunderte nach Mecklenburg, Pommern, Ostbrandenburg, Schlesien und Preußen.

1126 In China wird der Kompaß erfunden.

1130 Der Papst erhebt den Normannenfürsten Roger II. zum König von Sizilien.

1137 Auf der spanischen Halbinsel entstehen neben Kastilien neue Großreiche: Der König von Aragon erwirbt Katalonien. Die Grafschaft Portugal wird 1139 Königreich. 1147 Lissabon von den Mauren befreit.

um 1150 Der Einfluß des von Bernhard von Clairvaux geleiteten Zisterzienserordens verursacht eine starke Verinnerlichung und Vertiefung der christlichen Frömmigkeit. Neue Niederlassungen werden in ganz Europa gegründet.
In Frankreich Anfänge des frühgotischen Baustils, der sich durch Spitzbögen, Strebepfeiler, hohe Türme und durchbrochenes Mauerwerk auszeichnet (Neubau von St. Denis; Notre Dame in Paris u. a.). — Aufzeichnung von dichterisch ausgeschmückten Heldenepen (Chansons de geste). „Troubadoure" tragen Kreuzzugslieder und politische Zeitgedichte vor, später Minnelieder.

1152—1190 Kaiser Friedrich I., genannt Barbarossa, versucht, die alte Reichsgewalt in Deutschland, Italien und Burgund wiederherzustellen. Während er sich in Deutschland gegenüber dem Sachsen- und Bayernherzog Heinrich dem Löwen durchsetzen kann, muß er den oberitalienischen Städten nach wechselvollen Kämpfen das Recht der Selbstverwaltung einräumen. Der Kaiser findet auf dem dritten Kreuzzug beim Baden im Flusse Saleph (Kleinasien) den Tod.

1154—1189 König Heinrich II. beherrscht England. Durch Erbschaft fällt ihm Westfrankreich von der Normandie bis zu den Pyrenäen zu. Er wird damit der gefährlichste Rivale des französischen Königs.

1158 Herzog Heinrich der Löwe gründet Lübeck und München. Durch Besiedlung und Christianisierung Mecklenburgs und Pommerns dehnt er den deutschen Einfluß bis zur Oder aus. 1180 wird er wegen Nichtachtung der kaiserlichen Majestät geächtet.

1187 Sultan Saladin von Ägypten erobert Jerusalem.

um 1200 Höhepunkt des ritterlichen „höfischen" Lebens. Das höfische Ideal verlangt vom Ritter nicht nur Tapferkeit und Beherrschung der Waffen, sondern auch gebildetes, feines Benehmen. Der Minnesang bringt eine neue Einstellung zur Frau und zur Natur. Bedeutende deutsche Dichter dieser Zeit: Walther von der Vogelweide (um 1170— um 1230), Wolfram von Eschenbach (um 1170— um 1220), Hartmann von Aue (um 1165— um 1210), Gottfried von Straßburg (gest. um 1210) u. a. — Aus älteren Heldenliedern entsteht die neue Fassung des Nibelungenliedes.

Friedrich I. Barbarossa

Denkmal Heinrichs des Löwen in Braunschweig

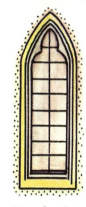

Gotisches Fenster

Minnesänger

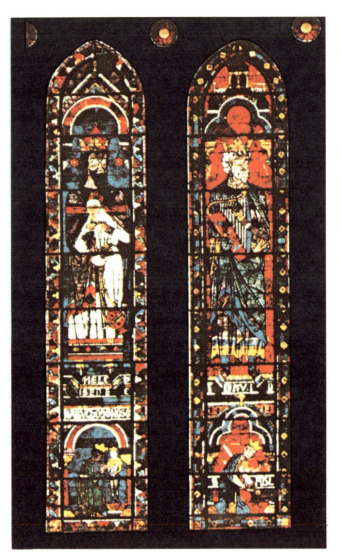

oben: Krac des Chevaliers, eine der besterhaltenen, aus dem 12. Jahrhundert stammenden Kreuzritterburgen in Syrien. Die Burg war für längere Belagerungen, mit denen die Kreuzritter rechnen mußten, eingerichtet: sie verfügte über eigene Brunnen, große Lebensmittellager und weiträumige Unterkünfte für die Verteidiger.

unten: Der englische König Richard Löwenherz (links) besiegt während des 3. Kreuzzuges 1191 im Zweikampf den Sultan Saladin (Miniatur aus einer Handschrift des 13. Jahrhunderts).

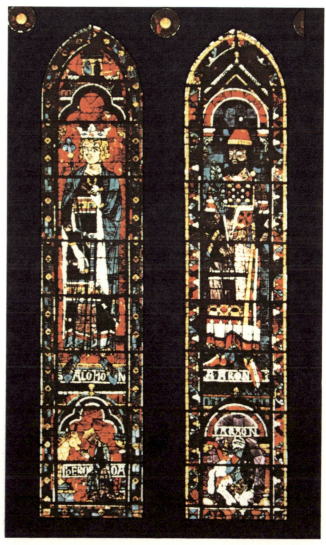

Aufgelockertes Mauerwerk, hochstrebende Linien, Spitzbögen, Außenplastiken, Rosetten und bunte Glasfenster sind Merkmale der Gotik.

rechts und auf der gegenüberliegenden Seite links: Vier der über 150 Glasfenster der Kathedrale von Chartres, einem Meisterwerk der Gotik, erbaut von 1194 bis etwa 1220. Die kostbaren Fenster sind vielfach Stiftungen der Zünfte, Patrizier und des Adels. Die hier abgebildeten stammen aus dem nördlichen Querschiff; sie zeigen von links nach rechts: Melchisedech und Nabuchodonosor, David und Saul, Salomon und Jeroboam, Aaron und den ägyptischen Pharao.

Dschingis Khan in einem Filzzeltlager

Franz von Assisi

Magna Charta von 1215

Kaiser Friedrich II.

Castel del Monte

1202—1204 Der vierte Kreuzzug führt zu einer starken Machtausdehnung Venedigs und zur Gründung eines „Lateinischen" Kaiserreiches in Konstantinopel durch die Kreuzfahrer.

1206—1227 Dschingis Khan macht sich zum Alleinherrscher der Mongolen. Er unterwirft Zentralasien, erobert Peking und dringt mit seinen Reiterscharen bis zur Wolga vor. Die besiegten Völker werden zu Tributzahlungen gezwungen.

1210 Gründung des Franziskanerordens durch Franz von Assisi (1182—1226). Strenge Verpflichtung der Mönche („Brüder") zur Nächstenliebe und Armut. Aufgabengebiet: Seelsorge und Mission. Unter der Leitung der hl. Klara entsteht ein weiblicher Orden mit gleicher „Regel" (= Vorschrift): die Klarissen.

1214 In der Schlacht von Bouvines siegt Philipp II. von Frankreich über den mit England verbündeten deutschen König Otto IV. Er vertreibt die Engländer aus ihren festländischen Besitzungen (Normandie, Bretagne, Anjou, Poitou) und gewinnt diese für die französische Krone. Machthöhepunkt des französischen Königtums.

1215 Englische Barone erzwingen von ihrem König die „Magna Charta Libertatum", die die Willkürherrschaft des Königs einschränkt. Eine Verhaftung, Einkerkerung oder Verbannung darf nur auf Grund eines ordentlichen Urteils vorgenommen werden. Die Erhebung neuer Steuern ist von der Zustimmung des Adels abhängig. Der König ist an die Gesetze gebunden.

Die Pariser Universität erhält ihre ersten Statuten. Ihre Selbstverwaltung wird Vorbild für andere Universitätsgründungen.

1215—1250 Friedrich II. von Hohenstaufen, seit 1220 Kaiser, überläßt wichtige Kronrechte (Gerichtsbarkeit, Münz-, Markt- und Zollhoheit) den geistlichen und weltlichen Fürsten, um ihre Unterstützung für seine Weltreichpläne in Italien zu erhalten. Er fördert dadurch die Entwicklung selbständiger Territorialstaaten in Deutschland. Sizilien (von der Mutter, einer sizilianischen Prinzessin, geerbt) baut der Kaiser zu einem modernen, mit Hilfe von Beamten zentral regierten Staat aus (Gründung einer Beamtenhochschule in Neapel).

Erneut scharfe Auseinandersetzung zwischen Kaiser und Papst.

Friedrich II. ist religiös tolerant eingestellt, fördert Wissenschaft und Dichtkunst, verfaßt ein Buch über Falkenzucht, entwirft den Grundriß seiner Burg Castel del Monte.

1216 Gründung des Dominikanerordens durch den Spanier Dominikus (um 1170 bis 1221). Ziel: die in Südfrankreich sich ausbreitenden Sektierer (= Irrgläubige, Ketzer) zum katholischen Glauben zurückzuführen. Besondere Pflege der Predigt und der Wissenschaft.

um 1220 In Island entsteht die Edda, eine Sammlung von Götter- und Heldenliedern und Sprüchen aus der Völkerwanderungszeit.

Mittelalterlicher Gelehrter

1222 Ausbau des St.-Gotthard-Passes. Er wird zu einer wichtigen Verbindungsstraße zwischen Deutschland und Italien.

1226 Der Deutsche Ritterorden (= Deutschordensritter, s. S. 64) erhält den Auftrag, die heidnischen Pruzzen zu bekehren.

1227 Nach dem Tode Dschingis Khans Teilung des mongolischen Reiches. Fortsetzung der Eroberungszüge unter den Nachfolgern des Großkhans.

In der Schlacht bei Bornhöved wird der dänische König Waldemar II. bei dem Versuch, seine Herrschaft im Ostseeraum auszudehnen, von einem deutschen Heer besiegt.

1240 Kaiser Friedrich II. unterstellt die Kantone Schwyz und Uri unmittelbar dem Reich.

1241 Bündnis zwischen Lübeck und Hamburg, Aufschwung der „Hanse", einer Genossenschaft deutscher Kaufleute im Ausland, die sich zu einem Städtebund erweitert. Niederlassungen mit eigenem Recht, u. a. in Nowgorod, London und Bergen.

Schlacht bei Liegnitz. Batu, ein Enkel Dschingis Khans, vernichtet ein deutsch-polnisches Heer, das sein Vordringen nach Westen aufhalten wollte. Sein Heerlager, die „Goldene Horde", bleibt das Befehlszentrum seiner Nachfolger und gibt der ganzen Zeit der mongolischen Herrschaft ihren Namen.

1248 König Ferdinand III. von Aragon vertreibt die Mauren aus Sevilla. In Spanien bleibt ihnen nur noch das Emirat von Granada.

1248–1254 In Köln lehrt der deutsche Dominikaner Albertus Magnus (um 1193–1280). Seine Kommentare zu den aristotelischen Schriften leiten ein neues philosophisches und theologisches Denken ein. Bedeutender Naturwissenschaftler, der auch als Vermittler in politischen Missionen unermüdlich tätig ist.

Zu seinen bedeutendsten Schülern gehört der italienische Dominikaner Thomas von Aquin (1225–1274), der das gesamte theologische Wissen nach dem Vorbild des Aristoteles in einer großartigen Systematik zusammenfaßt. Seine Feststellung „Der Glaube ergänzt das Wissen und setzt die Natur voraus" sucht dem beginnenden Auseinanderstreben von Theologie und Naturwissenschaft entgegenzuwirken. Er ist überzeugt, daß der Mensch durch den Gebrauch seiner Vernunft zur Gotteserkenntnis gelangen kann. Mit Thomas erreicht die Scholastik ihren Höhepunkt, eine theologische Lehrmethode, die Glaubens-(Offenbarungs-)wahrheiten mit Vernunftgründen zu beweisen sucht.

1254–1273 Interregnum, d. h. kaiserlose Zeit, im deutschen Reich. Die Landesfürsten verstärken ihre Stellung, während sich der englische und der kastilische Herrscher um die deutsche Königskrone streiten. Der Verfall des Ritterstandes zeigt sich in häufigen Fehden und Raubüberfällen. Zur Sicherung ihres Handels schließen sich mehr als 50 Städte im Rheinischen Städtebund zusammen.

St.-Gotthard-Straße

Hansestadt

Schlacht bei Liegnitz

Raubritter

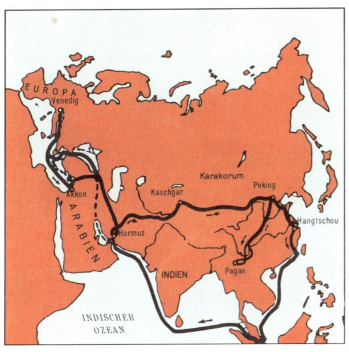

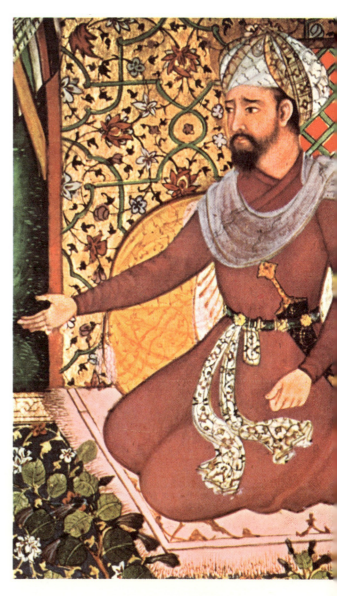

oben: Der Reiseweg des venezianischen Kaufmanns Marco Polo durch Asien (s. 1280).

rechts: Der Mongolenherrscher Dschingis Khan (s. 1206—1227); persische Miniatur aus dem Jahre 1596.

rechts: Reste eines mongolischen Bauwerkes in Samarkand (Usbekistan).

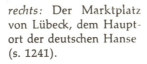

rechts: Der Marktplatz von Lübeck, dem Hauptort der deutschen Hanse (s. 1241).

oben: Kublai Khan, der Enkel Dschingis Khans und Kaiser von China (1280—1294), an dessen Hof sich Marco Polo während seiner Asienreise lange Zeit aufhielt.

linke Seite: Franz von Assisi empfängt von Papst Innozenz III. 1210 die Bestätigung für die Zulassung seiner Ordensgemeinschaft; Freskenmalerei in der oberen Basilika von Assisi, vermutlich ein Werk Giotto di Bondones (1266—1337).

Marco Polo in China

Kompaß um 1250

Rudolf von Habsburg

Dante Alighieri

um 1250 Der Magnetkompaß mit Windrose wird in Europa entwickelt.

1260 Die Chinesen erfinden das Pulvergeschütz.

1261 Der byzantinische Kaiser Michael VIII. erobert Konstantinopel zurück und setzt dem Lateinischen Kaisertum ein Ende.

König Ottokar von Böhmen besetzt die Steiermark, nachdem er sich 1246 nach dem Aussterben der Babenberger bereits Österreichs bemächtigt hat.

1265 Die englischen Barone erheben sich gegen ihren König und sichern sich nach ihrem Sieg eine Beteiligung an der Regierung. Sie bilden einen Regentschaftsrat, der durch Hinzuziehung von Vertretern des niederen Adels und der Städte erweitert wird.

1265–1321 Dante Alighieri. Nach der 1301 infolge politischer Wirren erfolgten Ausweisung aus seiner Vaterstadt Florenz dichtet er die „Göttliche Komödie", in der er visionär die Reise ins Jenseits schildert. Dante stirbt im Exil zu Ravenna.

1266 Karl von Anjou, 1263 vom Papst mit Sizilien belehnt, nimmt das Land in Besitz und verteidigt es gegen den letzten Staufer, König Konradin, den er 1268 in Neapel hinrichten läßt. 1282 beendet ein Aufstand der Sizilianer Karls Herrschaft (Sizilianische Vesper).

1273–1291 Der deutsche König Rudolf von Habsburg macht dem Fehdeunwesen und Raubrittertum ein Ende. Er besiegt Ottokar von Böhmen, dessen Neuerwerbungen Österreich, Steiermark, Kärnten und Krain er unter seine Söhne als Lehen verteilt. Er legt damit den Grund zu einer starken Hausmacht, die ihn von den Fürsten unabhängig macht.

1280 Kublai, Großkhan der Mongolen, wird Kaiser von China. Seiner Aufgeschlossenheit für alles Fremde ist es zu verdanken, daß in seinem Reich nationale und religiöse Toleranz herrscht. Bau des Kaiser-Kanals. Hochblüte der chinesischen Literatur und Malerei.

Der Venezianer Marco Polo tritt während seiner Reise nach China (1271 bis 1295) in die Dienste des Khans. In seinen Reisebeschreibungen schildert er anschaulich die Lebensverhältnisse der fremden Völker.

1291 Die Schweizerische Eidgenossenschaft entsteht aus dem Zusammenschluß der Kantone Schwyz, Uri und Unterwalden. Sie geloben sich einen „Ewigen Bund" (Rütlischwur) mit dem Ziel, die von Friedrich II. verliehene Reichsunmittelbarkeit zu bewahren.

1295 Auf Anordnung des englischen Königs tritt das erste Parlament (Model-Parliament) zusammen. Es nimmt u. a. das Recht zur Steuerbewilligung in Anspruch. Seine Mitglieder beraten anfangs gemeinsam, seit dem 14. Jahrhundert getrennt. Hochadel und Geistlichkeit versammeln sich im „House of Lords", niedriger Adel und Bürger im „House of Commons".

1299 Der türkische Sultan Osman gründet in Kleinasien das Osmanische Reich.

um 1300 Erfindung des Schießpulvers in Europa.

Der Rütlischwur

Die Marienburg an der Nogat

1302 Papst Bonifaz VIII. besteht in der Bulle „Unam Sanctam" auf dem Herrschaftsanspruch des Papstes über die Welt und der Unterordnung des französischen Königs.

König Philipp IV. von Frankreich gerät wegen der Besteuerung von Geistlichen und Kirchengut mit dem Papst in Streit. Er beruft erstmalig die „Generalstände", eine Vertretung des Adels, der Geistlichkeit und der Städte, damit sie ihn im Konflikt mit dem Papst unterstützen.

1309–1377 Unter dem Druck des französischen Königs verlegt Papst Klemens V. seine Residenz nach Avignon in Südfrankreich (sog. „Babylonische Gefangenschaft" der Kirche).

1309 Die Marienburg in Ostpreußen wird Sitz des Hochmeisters des Deutschen Ritterordens.

1315 Bei Morgarten besiegen die Schweizer ein österreichisches Ritterheer, das sie in habsburgische Abhängigkeit bringen sollte.

um 1325 Die Azteken bauen auf dem Hochland von Mexiko inmitten eines Salzsees ihre Hauptstadt Tenochtitlan (heute: Mexico-City) und erobern im Laufe der nächsten zweihundert Jahre fast ganz Mittelamerika. Ihre Kultur übernehmen sie von den Tolteken (s. 964).

1328 Moskau wird Hauptstadt des gleichnamigen russischen Großfürstentums.

um 1330 In Europa werden die ersten Pulvergeschütze gegossen, die eine Umwälzung in der Kriegführung einleiten.

1339 Zwischen England und Frankreich beginnt der sog. „Hundertjährige Krieg" um die ehemals englischen Besitzungen auf dem Festland (s. 1214).

1347–1352 In Europa wütet die aus Asien eingeschleppte Pest, der „Schwarze Tod", und vernichtet etwa ein Drittel der Bevölkerung. Verfolgung der Juden, denen die Schuld an der Seuche (als Strafe Gottes) zugeschoben wird.

1348 Gründung der ersten deutschen Universität in Prag.

1356 In dem Reichsgesetz der „Goldenen Bulle" wird sieben deutschen Kurfürsten das alleinige Recht der Königswahl zuerkannt: den Erzbischöfen von Mainz, Trier und Köln, dem König von Böhmen, dem Pfalzgrafen bei Rhein, dem Herzog von Sachsen und dem Markgrafen von Brandenburg.

1368 Ende der Mongolenherrschaft in China.

1369 Timur Lenk errichtet nach dem Zerfall des Mongolenreiches ein neues Großreich von Kleinasien bis nach Indien; Hauptstadt Samarkand.

1378 Nach dem Tod des aus Avignon zurückgekehrten Papstes kommt es zur Aufstellung eines Gegenpapstes: Ein Papst residiert in Avignon, einer in Rom.

1386 Durch die Heirat des Großfürsten Jagiello von Litauen mit der polnischen Königin Hedwig wird Litauen christianisiert. Durch die Vereinigung beider Länder mit Ungarn entsteht eine slawische Großmacht von der Ostsee bis zum Schwarzen Meer.

Pulvergeschütz um 1330

Deutschordensritter

Pestprozession

Die Kurfürsten

links: Der italienische Dichterfürst Francesco Petrarca (1304 bis 1374), der mit seinen innig empfundenen Natur- und Liebesgedichten in der Volkssprache ein neues Zeitalter der italienischen Literatur heraufführte (s. 1450). 1341 wurde er in Rom zum Dichter gekrönt. Lange Zeit hielt er sich am Hofe der Päpste in Avignon auf. Für den Humanismus entdeckte er die Schriften Augustinus' und Ciceros neu.

rechte Seite: Die Residenz der Päpste in Avignon, ein mächtiger gotischer Festungsbau aus dem 14. Jahrhundert, in dem die Päpste während der sogenannten „Babylonischen Gefangenschaft" der Kirche in Frankreich wohnten (s. 1309—1377). Klemens VI. kaufte die Stadt 1348 von der Königin von Neapel, der sie gehörte. Seine Nachfolger ließen die Stadt mit einer starken Mauer umgeben. Nach dem Schisma von 1378 (s. dort) regierten hier Gegenpäpste bis 1409. Die Stadt gehörte dem Kirchenstaat bis 1797.

oben: Dante (s. 1265—1321) durchschreitet, von Vergil begleitet, auf seiner Wanderung durch die Hölle den Abgrund der Diebe, die sich in Schlangen verwandeln. Sie werden von dem Kentaur Cacus bewacht, auf dessen Rücken ein feuerspeiender Drache sitzt. Illustration zur „Göttlichen Komödie", Buchmalerei aus einer italienischen Handschrift.

rechts: Denkmal Wilhelm Tells in Altdorf, dem Hauptort des Kantons Uri. Der sagenumwobene Held soll von dort aus den Anstoß zu den Schweizer Freiheitskämpfen in den ersten Jahren nach 1300 gegeben haben (Standbild von Richard Kißling, 1848—1919).

Hafen einer Hansestadt

Burgundische Tracht

**Hus auf dem Wege
zum Scheiterhaufen**

Die Jungfrau von Orléans

Renaissancefenster

1389 Schlacht auf dem Amselfeld. Die osmanischen Türken (s. 1299) besiegen die Serben, dringen weiter auf dem Balkan vor und unterwerfen Bulgarien.

1397 Die Königreiche Dänemark, Schweden und Norwegen schließen sich in der Kalmarischen Union zu einem Reich zusammen.

um 1400 Die Hanse umfaßt über 180 Städte, deren Reichtum im Bau prachtvoller Kirchen, Rathäuser und Bürgerhäuser zum Ausdruck kommt.

Das Herzogtum Burgund, zu dem auch Holland, Flandern und Brabant gehören, wird durch ein reges Kultur- und Wirtschaftsleben (Handel und Tuchweberei) unter der Führung tatkräftiger Fürsten zu einem neuen Machtzentrum in Europa.
In Brügge und Gent wirken die Maler Hubert und Jan van Eyck (um 1370—1426, um 1390—1441), später Hans Memling (um 1430—1494), Hieronymus Bosch (um 1450—1516) u. a.

1409 Konzil zu Pisa. Die zur Abdankung aufgeforderten Päpste in Rom und Avignon treten nicht zurück. Wahl eines neuen, dritten Papstes.

1410 Sieg der Polen über den Deutschen Ritterorden bei Tannenberg.

1414—1418 Auf dem Konzil zu Konstanz werden die gleichzeitig regierenden Päpste zum Rücktritt bewogen; zu ihrem Nachfolger wird Martin V. gewählt. Die Konzilsväter verurteilen die Lehre des tschechischen Reformators Jan Hus (er verleugnet die Umwandlung der Opfergaben in der Messe und verwirft den Ablaß). Hus wird 1415 als Ketzer verbrannt.

1415 Die Hohenzollern, Burggrafen von Nürnberg, erhalten die Mark Brandenburg zu Lehen.

1419—1436 Hussiten-Kriege. Die Anhänger Hus' in Böhmen erheben sich, um ihre Forderungen (u. a. auf Freiheit der Predigt, Laienkelch) mit Gewalt durchzusetzen. Mit der religiösen Bewegung verbinden sich nationale Bestrebungen. Dies führt zur Vertreibung zahlreicher Deutscher aus Böhmen. Verheerende Züge der Hussiten nach Österreich, Bayern, Sachsen, Schlesien. Erst nach innerer Spaltung der Hussiten gelingt es, sie niederzuschlagen.

1429 Das lothringische Bauernmädchen Jeanne d'Arc bringt die Wende im „Hundertjährigen Krieg" zwischen England und Frankreich, in dem die Engländer bisher die Oberhand behalten hatten. Es gelingt ihr, unter Berufung auf einen göttlichen Auftrag, das verzagte französische Heer zu ermutigen und Orléans zu befreien. Karl VII. wird in Reims gekrönt. Die „Jungfrau von Orléans" gerät in englische Gefangenschaft und wird nach einem unkorrekten Gerichtsverfahren als Hexe verbrannt. Sie wird 1920 heiliggesprochen.

um 1430 Heinrich der Seefahrer, portugiesischer Königssohn, veranlaßt Entdeckungsfahrten der Portugiesen an der Westküste Afrikas.

Buchdruckerei im 15. Jahrhundert

1439   Das seit 1431 in Basel tagende, ab 1437 nach Ferrara und Florenz verlegte Konzil beschließt die Wiedervereinigung der lateinischen und griechischen Kirche. Die praktische Durchführung scheitert aber an dem Vordringen der Türken im Raum der griechisch-orthodoxen Kirche. — Reformbeschlüsse (u. a. daß das Konzil über dem Papst steht) erkennt Rom nicht an.

um 1440   Johann Gutenberg (um 1400—1468) entwickelt in Mainz den Buchdruck mit beweglichen, gegossenen Lettern. Seine Gehilfen verbreiten die Erfindung bald über ganz Europa.

Johann Gutenberg

um 1450   Die Renaissance („Wiedergeburt"), in Italien schon im 13./14. Jahrhundert mit einem neuen Aufleben der griechisch-römischen Kunst und Kultur beginnend, breitet sich in Europa aus. Der Mensch sucht die Welt nach dem Vorbild der Antike zu erneuern.

Hauptträger und -verbreiter der neuen Geistesrichtung sind Dichter und Künstler (Francesco Petrarca, 1304—1374, Giovanni Boccaccio, 1313—1375, der Maler, Poet und Wissenschaftler Leonardo da Vinci, 1452—1519; später Ludovico Ariosto, 1474—1533 und Torquato Tasso, 1544—1595).

In der Malerei dringen wirklichkeitsnahe Raum- und Menschendarstellungen weiter vor (s. S. 78).

Doge von Venedig

Die Baukunst bevorzugt die Betonung der geraden Linienführung an Gebäuden. Beispiele dafür sind die Palazzi Strozzi (s. S. 79), Medici, Pitti in Florenz u. a. m.

Die Humanisten vertreten die neue Geistesrichtung auf wissenschaftlichem Gebiete. In Klosterbibliotheken werden viele antike Schriften aufgespürt und, mit Kommentaren versehen, der Öffentlichkeit mit Hilfe des Buchdrucks zugänglich gemacht.

Nicolaus von Cues (1401—1464) schreibt sein Buch „Vom gelehrten Nichtwissen", von dem nicht erfaßbaren, verborgenen Gott, der sich dennoch aus den Dingen erschließen lasse.

Im Geiste einer mehr subjektiven, auf das Praktische gerichteten Frömmigkeit schreibt Thomas von Kempen (1380—1471) die „Nachfolge Christi".

Auf wirtschaftlichem Gebiet gewinnt der Besitz von Geld beherrschenden Einfluß. Große Unternehmer sammeln Kapital, errichten Monopole und beherrschen das Bankwesen. Die doppelte Buchführung wird eingeführt. Florenz, das „Athen des Mittelalters", gerät unter den Einfluß der Medici, einer reichen Bankiersfamilie. Auch in anderen italienischen Stadtstaaten wie Mailand, Mantua, Ferrara gelangen tatkräftige Einzelpersönlichkeiten (Condottieri) an die Macht.

Italienischer Condottiere

Die Hofhaltung der Päpste gleicht sich dem prunkvollen Stil der weltlichen Fürsten an. Auf den Stuhl Petri gelangen Renaissancenaturen, die das Ansehen der Kirche schwer schädigen.

1452   Letzte Krönung eines deutschen Kaisers (Friedrichs III.) in Rom.

Florentinischer Kaufmann

links: Geburtshaus der französischen Nationalheldin Jeanne d'Arc (s. 1429) zu Domrémy in Frankreich.

Man kann die Renaissance als die Zeit bezeichnen, in der der Mensch sich selbst entdeckte. In der Malerei (s. um 1450) wendet man sich von den stilisierten Heiligenbildern des Mittelalters ab und sucht den Menschen in seiner Natürlichkeit und unverwechselbaren Eigenpersönlichkeit zu erfassen; Aktbilder und Porträts entstehen.

unten links: Adam und Eva werden aus dem Paradies vertrieben; Ausschnitt aus den Fresken des Masaccio in der Kapelle Brancacci in Florenz, um 1426/1427.

unten rechts: Kurfürst Friedrich der Weise von Sachsen, der Beschützer Luthers; Gemälde von Lucas Cranach (s. um 1500).

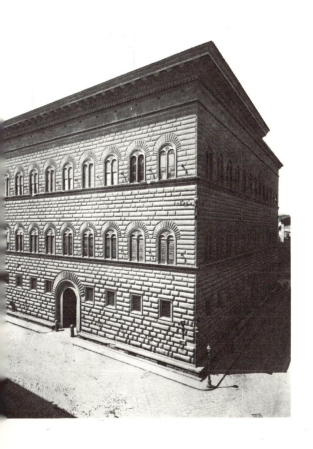

oben links: Der Palazzo Strozzi in Florenz, 1489 von Benedetto da Maiano erbaut, ein typisches Beispiel der italienischen Renaissancearchitektur. Durch die Fensterreihen und die Betonung der waagerechten Linien wird die Fläche harmonisch aufgeteilt.

oben rechts: Die Kuppel des Domes von Florenz (Santa Maria del Fiore), ein Werk von Filippo Brunelleschi (1376—1446). Die italienische Renaissance führte auf natürliche Weise die nie abgebrochenen Traditionen der immer noch lebendigen klassischen Antike fort.

Der Dogenpalast in Venedig, erbaut von 1309—1442; im Hintergrund die Spitze des Campanile.

Kolumbus vor San Salvador

Die Türken erobern Konstantinopel

Diaz' Fahrt
zum Kap der Guten Hoffnung

Alhambra in Granada

Christoph Kolumbus

1453 Ende des oströmischen Reiches. Die Türken erobern Konstantinopel und machen es zur Hauptstadt des Osmanischen Reiches.

Der Hundertjährige Krieg zwischen England und Frankreich endet mit der Vertreibung der Engländer vom Festland. Nur Calais verbleibt ihnen noch.

1455—1485 „Rosenkriege" in England: Die Adelsgeschlechter der Lancaster (die eine rote Rose im Wappen führen) und York (mit weißer Rose) kämpfen um den Anspruch auf die englische Krone. Ihre gegenseitige Vernichtung macht für das Haus Tudor den Weg zur Krone frei.

1462—1505 Iwan III., Großfürst von Moskau, vereinigt die russischen Teilfürstentümer unter seiner Führung. Infolge seiner Ehe mit der Nichte des letzten oströmischen Kaisers erhebt er Anspruch auf dessen Erbe; 1480 übernimmt er den Kaisertitel („Zar von Rußland") und als Staatswappen den byzantinischen Doppeladler. Iwan erobert Nowgorod und schließt das dortige Hansekontor.

1466 Der Deutsche Ritterorden tritt im Frieden zu Thorn an Polen Teile seines Besitzes ab und muß die Lehnshoheit Polens über Preußen anerkennen.

1477 Der Herzog von Burgund, Karl der Kühne, fällt im Kampf mit den Lothringern. Seine Tochter Maria heiratet den deutschen Thronfolger, Erzherzog Maximilian, an den der größte Teil der burgundischen Erbschaft fällt.

1479—1516 König Ferdinand von Aragon. Seine 1469 mit Isabella von Kastilien geschlossene Ehe legt den Grundstein für die spanische Großmacht. 1492 erobert er Granada, den letzten Stützpunkt der Mauren, 1502 Neapel.

um 1480 Berufung eines Großinquisitors in Spanien zur Verfolgung der Mauren und Juden.

In Deutschland Ausbreitung des Hexenwahns. 1487 erscheint das Buch „Der Hexenhammer", das eine genaue Beschreibung des Hexenwesens und Anleitungen zu seiner Bekämpfung gibt.

1487 Beginn größerer Entdeckungsfahrten. Der Portugiese Bartholomeo Diaz sucht einen neuen Seeweg nach Indien, weil die Handelsverbindungen über das östliche Mittelmeer durch die Türken gestört werden. Diaz erreicht die Südspitze Afrikas, die sein König „Kap der Guten Hoffnung" nennt.

1491 Martin Behaim (um 1459—1507) konstruiert den ersten Erdglobus.

1492 Christoph Kolumbus (1451—1506) aus Genua fährt im Dienste der Königin von Kastilien mit 3 Karavellen nach Westen, um den Seeweg nach Indien zu erkunden. Am 12. Oktober entdeckt er die „Neue Welt": die Insel Guanahani, die er San Salvador nennt. Drei weitere Fahrten führen ihn an die Küste Kubas zur Orinoko-Mündung und nach Mittelamerika. Er nennt die Eingeborenen „Indianer", weil er glaubt, in Indien gelandet zu sein.

Albrecht Dürer in seiner Werkstatt

1493—1519 Kaiser Maximilian I. Er beruft 1495 ein Reichskammergericht nach Frankfurt und erläßt einen „Ewigen Landfrieden", um den Fehden und Streitigkeiten ein Ende zu machen. Er verheiratet seinen Sohn Philipp mit der Erbin von Aragon und Kastilien, Johanna.

1494 Streitigkeiten wegen des Ländererwerbs auf den Entdeckungsfahrten führen zum Vertrag von Tordesillas. In ihm legt der Papst eine Trennungslinie fest, die die Erde in ein spanisches und ein portugiesisches Interessengebiet aufteilt. Spanien erhält alles Land westlich der Linie (Amerika), Portugal die Neuentdeckungen ostwärts davon (Afrika und Indien).

1498 Der Portugiese Vasco da Gama umsegelt das Kap der guten Hoffnung und erreicht mit Hilfe arabischer Lotsen Kalkutta.

Der Bußprediger Savonarola wird in Florenz verbrannt. Er hatte sich in der Stadt durch strenge Reformen Feinde gemacht, die sich an ihm rächen, als Papst Alexander VI. (dem er einen unwürdigen Lebenswandel vorwarf) Florenz seinetwegen bannte.

1500 Portugal faßt an der Küste Brasiliens Fuß.

um 1500 Höhepunkt der Renaissance. Blütezeit der bildenden Kunst in Deutschland. Als Maler wirken Albrecht Dürer (1471—1528), Hans Holbein d. Ä. (1465—1524) und der Jüngere (1497—1543), Lukas Cranach (1472—1553), Matthias Grünewald (um 1465—1528) u. a.; als Bildhauer Veit Stoß (um 1445—1533), Peter Vischer (um 1460—1529), Tilman Riemenschneider (1460—1531).

Die Wissenschaftler wenden sich häufig in pädagogischer Absicht an das Volk: Der Mathematiker und Astronom Regiomontanus (Johann Müller, 1439—1476) verfaßt ein Lehrbuch der Trigonometrie; Jakob Wimpfeling (1450—1528) weckt mit einer „Deutschen Geschichte" das Nationalbewußtsein; Willibald Pirckheimer (1470—1530) übersetzt griechische Schriften ins Lateinische.

Das Bürgertum, besonders Süddeutschlands, gewinnt immer mehr an Bedeutung. Die reichen Handelshäuser der Fugger und Welser in Augsburg erhalten als Geldgeber der Fürsten besondere Privilegien.

Größte Ausdehnung des Inkareiches in Südamerika, Hauptstadt: Cuzco. Der Herrscher (Inka) wird als Gott verehrt. Eine streng gegliederte Beamtenschaft sorgt für die Ausführung seiner Befehle. Es gibt nur geringen Privatbesitz (Wohnung, Hausgerät). Großartiger Straßen-, Brücken- und Wasserleitungsbau; Tempel und Festungen werden aus behauenen riesigen Steinquadern ohne Verwendung von Mörtel errichtet. Kunstvolle Verarbeitung von Edelmetallen. Eine Schrift ist bekannt in Form von Knotenschnüren.

In Mexiko herrschen die Azteken (s. um 1325) unter Kaiser Montezuma II. (1502—1520).

Vertrag von 1494

portug. Bereich
span. Bereich

Vasco da Gama

Savonarola predigt in Florenz

Aztekische Gottheit

oben links: Selbstbildnis Albrecht Dürers, 1498.

oben rechts: Die türkische Festung Rumeli Hisar am Bosporus. Sie wurde von Sultan Mohammed II. 1452 erbaut, um bei der Belagerung von Konstantinopel die Meerenge sperren zu können.

rechts: Ausschnitt aus einer der säulenförmigen Statuen des unten abgebildeten toltekischen Heiligtums.

links: Reste einer toltekischen Pyramide in Tollan im Hochland von Mexiko. Die Tolteken, die vor den Azteken (s. um 1325, um 1500) in Mittelamerika herrschten, bauten pyramidenförmige Tempel, in denen Sonne und Mond verehrt wurden.

rechte Seite: Die Türken erobern Konstantinopel (s. 1453); französische Miniatur.

Le siege du grant turc auec ij deses principaulx colseilles
Le siege du capiteine gñal de la turquie

Bürgerliche Trachten um 1510

Leonardo da Vinci

Nikolaus Kopernikus

Peter Henleins Taschenuhr

Schloß an der Loire

1502 Im Bistum Speyer bricht unter dem Zeichen des Bundschuhs ein Bauern-aufstand aus, der sich gegen die Unterdrückung durch die Ritter richtet.

1503—1513 Papst Julius II. aus dem Hause Medici festigt und erweitert den Kirchen-staat. Er fördert die bedeutendsten Künstler seiner Zeit. Er beauftragt Bramante mit dem Ausbau des Petersdomes; Michelangelo Buonarotti (1475—1564) malt die Sixtinische Kapelle aus, Raffaelo Santi (1483—1520) schafft herrliche Fresken (Die Stanzen) und Madonnenbilder.

1505 Franz von Taxis richtet die erste regelmäßige Postverbindung zwischen Wien und Brüssel ein, Jakob Fugger knüpft Handelsbeziehungen mit Ost-indien an.

1506 Leonardo da Vinci (1452—1519) vollendet das Bildnis der „Mona Lisa".

1507 Nikolaus Kopernikus (1473—1543) verfaßt seine Schrift über die Bewegung der Himmelskörper. Er hält seine Ansicht, daß die Sonne im Mittelpunkt stehe und von den Planeten umkreist werde, aus Furcht vor einer Verfol-gung durch die Inquisition bis zu seinem Tode geheim.

Auf einer gedruckten Landkarte erscheint erstmalig für die Neue Welt der Name „Amerika" (nach dem Florentiner Amerigo Vespucci, der eine erste Reisebeschreibung dieser Gebiete veröffentlicht hatte).

um 1510 Der Goldschmied Peter Henlein (um 1480—1542) aus Nürnberg konstruiert die erste Taschenuhr nach dem Vorbild der großen Turmuhren.

Die in deutschen Städten verbreitete Kleidermode findet Nachahmung in vielen Ländern.

1513 Der Spanier Vasco Balboa (1475—1517) überquert als erster Europäer die Landenge von Panama. Er erkennt, daß Amerika ein selbständiger Konti-nent ist.

Das Buch „Vom Fürsten" des Florentiners Niccolo Machiavelli (1469—1527) erscheint. Er charakterisiert darin den Herrschertyp, dem alle Mittel recht sind, um durchzuführen, was ihm als staatsnotwendig erscheint.

1514 Jakob Fugger (s. 1505) stiftet in Augsburg die „Fuggerei", in der seine Angestellten gegen geringes Entgelt wohnen können. Erster sozialer Woh-nungsbau in Deutschland.

1515—1547 Franz I. von Frankreich bewirbt sich 1519 um die deutsche Königskrone, unterliegt aber gegen Karl V. Im Kampf gegen die spanische und habs-burgische Macht verbündet er sich mit den Türken und den deutschen Protestanten (s. 1552).
Franz I. fördert die Dichtkunst (Rabelais, s. 1553) und den Humanismus. Zu seiner Zeit werden die berühmten Schlösser an der Loire gebaut: Chennonceaux, Blois, Chambord. Der Bau von Schloß Fontainebleau wird begonnen; der Louvre wird umgebaut. Glanzvoller Höhepunkt der fran-zösischen Renaissance.

Magalhaes trägt seine Pläne vor

1516 Der Niederländer Erasmus von Rotterdam (1466–1536), bedeutendster humanistischer Gelehrter seiner Zeit, veröffentlicht das Neue Testament in der griechischen Urschrift. Sie dient Luther als Grundlage seiner späteren Übersetzung.

Der englische Staatsmann Thomas More (latinisiert: Morus, 1478–1535) entwirft in seinem Roman „Utopia" das Idealbild eines Staatswesens. More wird 1535 hingerichtet, weil er sich weigert, König Heinrich VIII. als Oberhaupt einer von Rom getrennten englischen Kirche anzuerkennen.

1517 Martin Luther, Augustinermönch und Professor der Theologie (1483–1546), schlägt am 31. Oktober 95 lateinische Thesen (= Sätze) gegen den Ablaßhandel an die Tür der Schloßkirche zu Wittenberg an. Er verurteilt den Loskauf von zeitlicher Sündenschuld durch bloße Geldzahlung, eine Praxis, wie sie in Deutschland üblich geworden war, um der Kirche Geld für Bauvorhaben oder dergleichen zu verschaffen. Eine Reform der Kirche hält er für unvermeidlich.
Luthers Thesen finden schnell in Deutschland Verbreitung und Zustimmung.

Die Türken erobern Ägypten und verdrängen die Araber.

1518 Luther, vor einen päpstlichen Abgesandten nach Augsburg geladen, verweigert den Widerruf seiner Thesen.

1519–1522 Der Spanier Ferdinand Cortez landet mit 600 Mann, 16 Pferden und 14 Geschützen in Mexiko. Er unterwirft die Azteken, die er zu hohen Tributzahlungen zwingt.

Der in spanischen Diensten stehende Portugiese Ferdinand Magalhães (auch Magellan) umsegelt als erster die Welt und beweist damit, daß die Erde eine Kugel ist. Auf den Philippinen wird er von Eingeborenen erschlagen. Nur eines seiner fünf Schiffe erreicht 1522 mit noch 17 Mann den Heimathafen.

Aus den Überseegebieten gelangen Kaffee und Kakao nach Europa.

1519–1556 Kaiser Karl V., der Enkel Maximilians I., vereinigt das spanische mit dem deutschen Reich. Die habsburgischen Erblande überträgt er aber schon 1521 seinem Bruder Ferdinand, der 1526 auch Böhmen und das westliche Ungarn erhält. Streng rechtgläubig erzogen, duldet Karl V. als Schutzherr der Christenheit nicht die „neue Lehre" Luthers, der viele Reichsstände (Fürsten, Ritter, Städte) zuneigen.

um 1519 In Zürich beginnt der Münsterpfarrer Ulrich Zwingli nach dem Vorbild Luthers die Reformation. Er fällt 1531 im Krieg, den die katholischen Kantone der Eidgenossenschaft gegen Zürich führen; doch breitet sich seine Lehre im Verein mit der Calvins (s. 1541) aus.

Jakob Fugger

Luthers Thesenanschlag

Die Türken in Ägypten

Cortez in Mexiko

Leonardo da Vinci leistete nicht nur als Maler, sondern auch als Bildhauer, Architekt, Ingenieur und Naturforscher Außerordentliches. Er entwarf Pläne für Paläste und Festungen, beschäftigte sich mit Kanal- und Brückenbau und trieb ausgedehnte wissenschaftliche, u. a. auch anatomische Studien.

unten: Plan zu einer Vorrichtung, die dazu dient, feindliche Belagerungsleitern umzustürzen.

darunter: Zeichnung Leonardo da Vincis für ein Standbild des Francesco Sforza.

Das wohl berühmteste Gemälde des Leonardo da Vinci, die „Gioconda", bekannt auch als „Mona Lisa" (s. 1506), befindet sich im Louvre-Museum zu Paris.

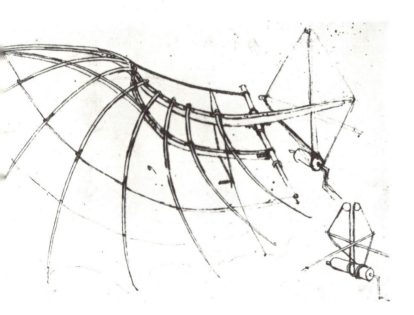

oben: Leonardo da Vinci interessierte sich unter anderem für die Möglichkeit des Fliegens. Die Zeichnung zeigt eine Konstruktion für einen beweglichen Flügel, gewonnen aus der Beobachtung des Vogelfluges.

Im 15. und 16. Jahrhundert wurde die Tracht der Edelleute immer kostbarer und aufwendiger, nicht nur im Zuschnitt der Kleidung, sondern auch im Material: an Stoffen wurden Seide, Damast, Brokat und Samt bevorzugt. Das einfache Volk dagegen kleidete sich weiter in Wolle und grobes Leinen (s. *rechts*, Ausschnitt aus einer zeitgenössischen Miniatur).

unten rechts: Vornehme Dame mit einem weiten Umhang und Schleppe; Ausschnitt aus einem Gemälde des 15. Jahrhunderts.

unten: Ludwig XII. von Orléans, König von Frankreich (1498—1515), an der Spitze seines Heeres auf dem Marsch nach Italien; Ausschnitt aus einer zeitgenössischen französischen Miniatur. Der König trägt, wie die Ritter seines Gefolges, kostbare Gewänder über der Rüstung und einen reichen Helmschmuck. Den Pferden sind ebenfalls gleichgemusterte wertvolle Decken über die Panzerung gehängt.

Luther vor dem Reichstag zu Worms

Sultan Suleiman II.

Bilderstürmer

Gustav Wasa

Südamerikanischer Truthahn

1520 Luther veröffentlicht seine drei grundlegenden Reformationsschriften: 1. An den christlichen Adel deutscher Nation von des christlichen Standes Besserung, 2. Von der babylonischen Gefangenschaft der Kirche und 3. Von der Freiheit eines Christenmenschen.

Luther ist der Meinung, daß der Christ allein durch den Glauben, nicht durch Werke, Gottes Barmherzigkeit erringt. Die Grundlage für seine Überzeugung ist die Bibel, „Gottes Wort" an die Menschen. Die Autorität des Papstes wie auch der Konzilien lehnt er ab.

Der Papst fordert von Luther unter Androhung des Kirchenbannes den Widerruf eines Teiles seiner Sätze. Luther verbrennt öffentlich das päpstliche Schreiben und wird daraufhin vom Papst gebannt.

1520—1566 Sultan Suleiman II. der Große regiert das Osmanische Reich. Unter seiner Herrschaft dringen die Türken weiter in Europa und Persien vor. Ein Sieg ihrer Flotte über die vereinigte kaiserlich-päpstliche Flotte (1538) festigt ihren Einfluß im Mittelmeer.

1521 Luther wird vor den Reichstag zu Worms geladen, um seine Lehre vor Kaiser und Reichsständen zu widerrufen. Da er sich jedoch weigert, wird die Reichsacht über ihn ausgesprochen, die Verbreitung seiner Lehre verboten. Sein Landesherr, der Kurfürst Friedrich von Sachsen, gewährt ihm Schutz auf der Wartburg. Hier übersetzt Luther das Neue Testament ins Deutsche. Seine ausdrucksreiche, kraftvolle Sprache trägt zur Ausbildung einer neuen deutschen Hochsprache bei.

Die Türken erobern Belgrad.

1521—1526 Krieg zwischen Kaiser Karl V. und dem französischen König Franz I. um den Besitz von Burgund, Navarra und Neapel.

1522 Die „Zwickauer Propheten" rufen durch Bildersturm und Wiedertaufe Unruhen hervor. Luther kehrt heimlich nach Wittenberg zurück, um ihnen Einhalt zu gebieten. Er führt in Kursachsen eine neue Gottesdienstordnung ein: Feier des Gottesdienstes in deutscher Sprache mit deutscher Predigt und Austeilung des Abendmahls in beiderlei Gestalt.

1522—1523 Ulrich von Hutten und Franz von Sickingen erheben sich am Rhein an der Spitze der Reichsritterschaft gegen die geistlichen Fürsten. Sie erstreben eine von Kaiser und Papst unabhängige Ritterschaft, werden aber von den Fürsten geschlagen.

1523 Ende der seit 1397 bestehenden Kalmarer Union zwischen den nordischen Staaten. Die Schweden wählen Gustav Wasa zu ihrem König, der 1523 den dänischen König aus dem Lande vertrieben hat. Er führt in Schweden 1527 die Reformation ein.

1524 Der Truthahn wird von Südamerika nach England eingeführt.

Pizarro unterwirft die Inkas in Peru

1524—1525 Bauernkrieg in Süd- und Mitteldeutschland. Die Bauern fordern in den „12 Artikeln" mehr wirtschaftliche und religiöse Rechte. Unter ihren Führern Florian Geyer, Götz von Berlichingen u. a. kommt es zu Plünderungen und Gewalttätigkeiten. Luther verurteilt diese scharf. Fürsten, Städte und Ritter werfen den Aufstand mit vereinten Kräften bald nieder und bringen die Bauern in größere Abhängigkeit als zuvor.

1525 Der Hochmeister Albrecht von Brandenburg führt im Deutschen Ritterorden die Reformation ein. Preußen wird weltliches Herzogtum.

1526 Der Reichstag zu Speyer bestimmt im Streit der alten und neuen Lehre, daß jeder Reichsstand (geistliche und weltliche Fürsten, Adel und Städte) es mit der Religion halten dürfe, wie er es vor Gott und Kaiser verantworten könne. Anfänge der evangelischen Landeskirchen.

In Indien entsteht unter der Herrschaft mongolischer Großmogule ein Reich mit der Hauptstadt Delhi. Gründer: Babur, ein Nachkomme Timur Lenks (s. 1369).

Aufständische Bauern

1527 Meuternde kaiserliche Landsknechte erstürmen Rom und plündern es.

1529 Kaiser Karl V. verfügt auf einem neuen Reichstag, daß der Wormser Beschluß von 1521 streng durchzuführen sei. Die evangelischen Reichsstände legen dagegen feierlichen Protest ein (daher: „Protestanten").

Die Türken belagern zum erstenmal Wien, müssen sich aber wieder zurückziehen.

Marburger Religionsgespräch zwischen Luther und Zwingli. In der Abendmahlsfrage wird über die Bedeutung der Worte Christi: „Das ist mein Leib ..., das ist mein Blut" keine Einigung erzielt. — Luthers Katechismus erscheint.

Landsknecht mit 5-m-Lanze

1530 Karl V. vom Papst in Bologna zum Kaiser gekrönt. Letzte Krönung eines deutschen Kaisers durch den Papst.

Luthers Anhänger Philipp Melanchthon legt auf dem Reichstag zu Augsburg die Bekenntnisschrift der evangelischen Kirche vor: Die Confessio Augustana.

um 1530 Der Schraubstock wird in den Werkstätten verwendet.

Erster Schraubstock

1531 Die evangelischen Reichsstände schließen den Schmalkaldischen Bund zur Verteidigung ihres Glaubens.

1531—1536 Der spanische Conquistador (= Eroberer) Francesco Pizarro unterwirft und zerstört das Reich der Inka in Peru. Trotz der Zahlung eines ungeheuren Lösegeldes für den gefangenen Inkakönig läßt er diesen hinrichten. Pizarro wird 1541 ermordet.

Kaiser Karl V.

oben: König Franz I. von Frankreich (s. 1515—1547); Gemälde des königlichen Hofmalers Jean Clouet.

rechte Spalte: Verschiedene Arten von Ritterrüstungen aus dem 16. Jahrhundert mit offenem und geschlossenem Helm.

ganz unten: Prunkrüstung für den Hund Kaiser Karls V.

rechte Seite: Blick auf die Ruinen der Inka-Festung Macchu Picchu im Nordosten von Cuzco. Sie erhob sich auf einer Paßhöhe zwischen unwegsamen Gipfeln in 2000 m Höhe. Die Inkas verwendeten für ihre Bauten keinen Mörtel, sondern schichteten die zugehauenen Steine ohne Bindemittel aufeinander.

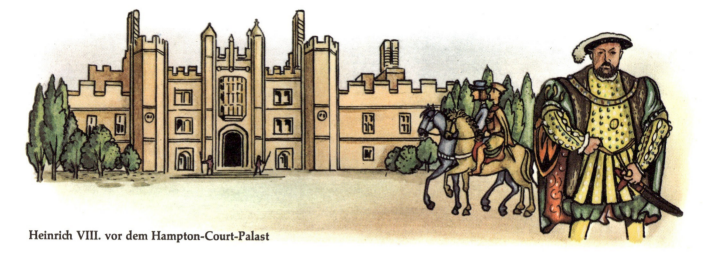

Heinrich VIII. vor dem Hampton-Court-Palast

**Ignatius von Loyola
vor dem Papst**

Lutherbibel

Johannes Calvin

Paracelsus

1534 Heinrich VIII. von England (1509—1547) löst seine Verbindung mit Rom, weil der Papst dem Wunsche des Königs nach Scheidung seiner Ehe nicht zustimmt. Er macht sich zum Oberhaupt der vom Papst unabhängigen anglikanischen Kirche, die von 1547 an Staatskirche wird.

Der baskische Edelmann Ignatius von Loyola (1491—1556) gründet die „Gesellschaft Jesu" (Jesuiten). Jeder Angehörige dieses neuen Ordens ist zu unbedingtem Gehorsam gegenüber dem Papst, zu wissenschaftlichen Studien und zu bestimmten geistlichen Übungen nach der Vorschrift des Gründers verpflichtet. Sein Grundsatz „Alles zur größeren Ehre Gottes" dient dem Ziel, den Glauben in der Kirche durch Heidenmission und Bekehrung der Abgefallenen aufzurichten und zu stärken.

Luthers erste vollständige Bibelübersetzung erscheint im Druck.

Der Franzose Jacques Cartier landet auf Neufundland; Anfänge einer französischen Kolonie in Kanada.

1534—1535 Die Wiedertäufer regieren in Münster. Nach Vorbildern aus dem Alten Testament leben sie in Gütergemeinschaft und Vielweiberei. Mit der Einnahme der Stadt durch den Bischof von Münster und der Hinrichtung der Führer endet die Bewegung.

1536 Dänemark erhält eine evangelische Kirchenordnung.

Die Spanier nehmen Paraguay in Besitz.

1540 Karl V. erhebt Mexiko zum Königreich Neu-Spanien; er setzt Vizekönige ein. 1542 Erlaß eines Indianerschutzgesetzes. Als neue Arbeitskräfte werden Negersklaven nach Amerika eingeführt.

1541 Die Türken erobern Ofen und gliedern Ungarn ihrem Reich als Provinz ein.

Der Franzose Johannes Calvin (1509—1564) errichtet in Genf einen „Gottesstaat", der streng nach evangelischen Grundsätzen geleitet wird. Wahl von Geistlichen und Ältesten, die die Gemeinde leiten und für die Einhaltung der Kirchenzucht sorgen. Regelmäßige Visitation der Familien, Verbot von Tanz und anderen weltlichen Belustigungen, Heiligenverehrung und religiösem Bildschmuck. Nach Auffassung Calvins hat Gott jeden Menschen zum Heil oder zur Verdammnis vorherbestimmt. Stete Pflichterfüllung belohnt Gott mit Besitz und Ansehen.
Fleiß und Anstrengungen der Calvinisten fördern Reichtum und Fortschritt. Ausbreitung der Lehre vor allem in den westeuropäischen Ländern.

Tod des Arztes Theophrastus von Hohenheim, gen. Paracelsus (geb. 1493). Er erkennt den Einfluß chemischer Kräfte auf das Krankheitsgeschehen und nutzt sie bei seiner neuartigen Heilmethode.

1543 Portugiesische Kaufleute landen in Japan. Ihnen folgt 1549 als Missionar der Jesuit Franz Xaver (1506—1552).

Das Konzil von Trient

Zar Iwan IV.

1545 Der Papst beruft auf Drängen Kaiser Karls V. ein Konzil nach Trient ein, an dem die Protestanten trotz Einladung nicht teilnehmen. Das Konzil tagt mit langen Unterbrechungen bis 1563. Es beseitigt Mißstände in der katholischen Kirche und ordnet die Glaubenslehre durch neue Dogmen. Es entsteht das Tridentinische Glaubensbekenntnis, ein „Catechismus Romanus" sowie der „Index" (Verzeichnis der verbotenen Schriften).

1546 Tod Martin Luthers.

Karl V. besiegt die protestantischen Fürsten im sog. „Schmalkaldischen Krieg".

1547—1584 Iwan IV., der Schreckliche, Zar von Rußland. Nach anfänglich erfolgreicher Regierung (Ausdehnung des russischen Reiches in Sibirien bis zum Irtysch; Eroberung Astrachans) wird er mißtrauisch und grausam. Nach der Einnahme Nowgorods läßt er die Mehrzahl der Einwohner hinrichten. In einem Wutanfall tötet er seinen eigenen Sohn.

Michelangelo im Marmorbruch

1548 Augsburger Interim: Karl V. erläßt einen Religionsfrieden, der den Protestanten Laienkelch und Priesterehe bis zur endgültigen Regelung durch das noch in Trient tagende Konzil erlaubt.

1549 Calvin und die Anhänger Zwinglis einigen sich. Beide Richtungen zusammen bilden die Reformierte Kirche.

um 1550 Michelangelo arbeitet an der Pietà.

Die ersten Tabakpflanzen werden in Spanien angebaut.

Die Portugiesen führen Apfelsinen in Europa ein.

1552 Die deutschen Protestanten suchen bei dem französischen König Rückhalt gegen den Kaiser. Sie versprechen ihm für seine Hilfe die Bistümer Metz, Toul und Verdun.

Tabakpflanze

1553 Englische Schiffe umsegeln zum erstenmal das Nordkap auf dem Weg nach russischen Häfen.

Tod des französischen Humanisten François Rabelais (geb. 1494). In seinen derb-komischen Geschichten verbindet er Zeitkritik mit einem Bildungsprogramm. Er vertraut darauf, daß das angeborene Gute im Menschen jedem die rechten Maßstäbe des Handelns eingibt.

1555 Der „Augsburger Religionsfriede" beendet für ein halbes Jahrhundert die Auseinandersetzungen zwischen den Katholiken und Protestanten im deutschen Reich. Er gewährt den evangelischen Reichsständen (nicht den „reformierten") die ungestörte Ausübung ihres Glaubens. Der Landesherr darf die Religion seiner Untertanen bestimmen („cuius regio, eius religio"). Die Auswanderung Andersgläubiger wird erlaubt. Geistliche Fürsten verlieren bei ihrem Übertritt zum evangelischen Bekenntnis ihr Land.

Apfelsinen aus China

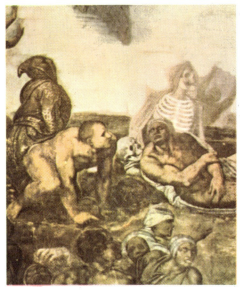

links, von oben nach unten: Ausschnitte aus dem „Jüngsten Gericht" von Michelangelo in der Sixtinischen Kapelle in Rom: Auferstehung der Toten, Christus, die Verdammten. Michelangelo benötigte für die Fertigstellung der Fresken sieben Jahre (1534—1541). Die Decke der Sixtinischen Kapelle malte er bereits in den Jahren 1508—1512 in unermüdlicher, nur durch die Mahlzeiten und Nachtruhe unterbrochener Arbeit aus.

rechte Seite: Triumph des Todes; Ausschnitt aus einem Gemälde von Peter Brueghel, 1562: ein grausiger „Totentanz", in dem der Künstler die Schrecken der Kriege geißelt, die Europa um die Mitte des 16. Jahrhunderts heimsuchten.

links: Thomas More, Lordkanzler Heinrichs VIII. von England und Gegner der Trennung der anglikanischen Kirche von Rom, s. 1516; Ausschnitt aus einem Gemälde von Hans Holbein d. J., um 1527.

unten: Anna Boleyn, die zweite Frau Heinrichs VIII., Mutter der Königin Elisabeth.

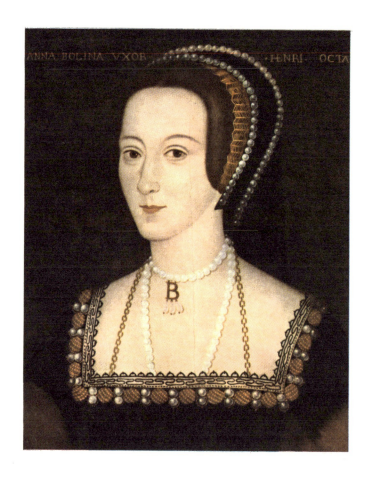

Am Hof Akbars des Großen

Königin Elisabeth I.

Francis Drake

Englischer Puritaner

Admiral von Coligny

1556 Kaiser Karl V. dankt ab. Er zieht sich in die Nähe des spanischen Klosters San Yuste zurück, wo er 1558 stirbt. Das Reich wird geteilt: die deutschen Gebiete behält Karls Bruder Ferdinand I. als deutscher König; Spanien, die Niederlande und das Kolonialreich erbt der Sohn Karls V., Philipp II.

In England wird der anglikanische Bischof Cranmer unter der Regierung Marias der Katholischen (1553—1558), der Gemahlin Philipps II., auf dem Scheiterhaufen verbrannt. Von ihm stammen die anglikanischen Glaubensartikel sowie die Gottesdienstordnung. Maria die Katholische will ihr Land zum katholischen Glauben zurückführen.

1556—1605 Der indische Großmogul Akbar schließt Hindustan, Kaschmir und das Indusgebiet zu einem Reich zusammen. Die von Akbar verfügte Religionsfreiheit ermöglicht das friedliche Zusammenleben von Mohammedanern, Hindus und Christen. Kunst und Wirtschaft blühen auf (s. S. 98).

1557 Die Trennung Spaniens von seinen deutschen Geldgebern, den Fuggern, bringt das Land in finanzielle Schwierigkeiten. Es muß den Staatsbankrott erklären. Auch Frankreich stellt seine Zahlungen ein.

1558—1603 Königin Elisabeth I. von England setzt nach dem Tode ihrer Halbschwester, Maria der Katholischen, die anglikanische Kirche wieder in ihre Rechte ein. Um nicht vom Parlament und seinem Steuerbewilligungsrecht abhängig zu sein, sorgt die Königin für eine sparsame Wirtschaftsführung. Das Elisabethanische Zeitalter bringt einen raschen Aufschwung von Handel und Schiffahrt (durch Seefahrer und Freibeuter wie Francis Drake, s. 1577—1580, Walter Raleigh, s. 1585, u. a.) sowie eine reiche Entfaltung des Geisteslebens.

Höhepunkt der englischen Dichtkunst durch William Shakespeare (1564 bis 1616). Seine Komödien (u. a. „Sommernachtstraum", „Wie es euch gefällt") und Tragödien (z. B. „Romeo und Julia", „Hamlet", „Macbeth") enthalten psychologisch meisterhafte Darstellungen menschlicher Charaktere und gehören zur Weltliteratur.

um 1560 In England bilden sich die Sekten der Puritaner und Presbyterianer. Die Puritaner fordern die Reinhaltung der reformierten Lehre von katholischen Formen, wie sie der anglikanischen Staatskirche anhaften, und eine strenge calvinistische Lebensführung. Die Presbyterianer bestehen auf der Leitung ihrer Kirchengemeinden durch Älteste (Presbyter) und lehnen die anglikanische Bischofsverfassung ab.

1562 Beginn der Hugenottenkriege in Frankreich durch Überfall auf eine Gemeinde der Hugenotten (Reformierte). Der minderjährige König Karl IX. (1560—1574) und seine die Regentschaft führende Mutter, Katharina von Medici, begünstigen anfangs den neuen Glauben, verfolgen ihn aber, nachdem der Anführer der Hugenotten, Ludwig Condé, versucht hatte, sich Karls IX. zu bemächtigen. 1570 gelingt es dem Admiral von Coligny, den Hugenotten Glaubensfreiheit zu erkämpfen.

Der Klosterpalast El Escorial

William Shakespeare

1563 Baubeginn des Escorials, der Residenz Philipps II. von Spanien, eines riesigen Klosters mit Wohnräumen für den König und einer Kirche; beendet 1584.

1563—1570 Dänisch-schwedischer Krieg. Dänemark will die Kalmarer Union wiederherstellen, kann die Schweden aber nicht unterwerfen.

1564—1576 In Deutschland regiert Kaiser Maximilian II. Er verhält sich gegenüber dem neuen Glauben tolerant und läßt die Protestanten in Österreich und Böhmen ungehindert ihre Gottesdienste feiern.

1565 Die Spanier nehmen die Philippinen in Besitz.

1566 In den Niederlanden mehren sich die Unruhen gegen die starre Religionspolitik des spanischen Königs. Die niederländischen Adligen unter Führung Wilhelms von Oranien und des Grafen Egmont tragen der Statthalterin des Königs den Wunsch des Volkes nach Einberufung der Stände (= Generalstaaten), auf Aufhebung der Inquisition und Gewährung von Religionsfreiheit vor. Die hinhaltende Antwort führt zur Empörung des Volkes und zu Plünderungen.

Eröffnung einer Börse in London.

Egmont vor der Hinrichtung

1567 Maria Stuart, Königin von Schottland, wird von aufständischen Adligen gefangen genommen. Sie flieht nach England, wo Elisabeth, die schottische Ansprüche auf den englischen Thron fürchtet, sie erneut gefangensetzt.

Philipp II. schickt den Herzog von Alba in die Niederlande. Alba unterdrückt die Aufstände der Calvinisten mit Waffengewalt. Graf Egmont und andere Anführer werden hingerichtet. Wilhelm von Oranien und viele Adlige fliehen.

1570 Der Leibarzt der englischen Königin, William Gilbert, konstruiert das Elektroskop, mit dessen Hilfe er positive und negative elektrische Ladungen feststellen kann.

Kartoffel als Zierpflanze

um 1570 Die von Jesuiten und Kapuzinern (einem streng franziskanischen Mönchsorden) begonnene Gegenreformation führt zu Erfolgen, besonders in süddeutschen Ländern (vor allem Bayern) und geistlichen Fürstentümern.

Höhepunkt der Renaissancemusik. Giovanni Pierluigi aus Palestrina bei Rom (1525—1594) komponiert zahlreiche mehrstimmige Messen, der Niederländer Orlando di Lasso (1532—1594) mehrstimmige Madrigale und Motetten.

Reiche Entfaltung der Instrumentalmusik. In der Vokalmusik Übergang zur Monodie, zum begleiteten Sologesang.

Die Kartoffel gelangt aus Südamerika nach Europa. Anfangs nur als Zierpflanze verwendet, wird sie in den folgenden 200 Jahren zu einem der wichtigsten Volksnahrungsmittel.

1571 Seeschlacht bei Lepanto. Die vereinigten spanischen und italienischen Flotten, zumeist aus Galeeren bestehend, siegen unter ihrem Befehlshaber Don Juan d'Austria über die Türken und drängen damit deren Einfluß im Mittelmeer zurück.

Galeere

oben: Der Großmogul auf der Jagd, indische Miniatur aus dem 17. Jahrhundert. Die auf persische Vorbilder zurückgehende Miniaturmalerei der Mogul-Kunst wurde besonders von dem Eroberer Indiens, Babur, einem Nachfahren Timur Lenks (s. 1526), gefördert. Sein Enkel Akbar (s. 1556—1605) errichtete am Hof eine eigene Malschule.

rechts: Ausschnitt aus dem Gemälde von Paolo Veronese im Dogenpalast zu Venedig: der Sieg von Lepanto (s. 1571); entstanden um 1575—1577.

links: Englisches Kriegsschiff aus dem 16. Jahrhundert. Es besaß drei Hauptmasten und war mit einer Anzahl starker Geschütze auf dem unteren Deck bestückt. Mit solchen Schiffen bekämpfte Francis Drake (s. S. 96 u. 100) die starken spanischen Galeonen.

oben: Die Schule von Stratford-on-Avon, dem Geburtsort des großen englischen Dramatikers William Shakespeare (s. unter 1558—1603).

unten: London zur Zeit der Königin Elisabeth (s. 1558—1603). Man erkennt in der Mitte an der Themse das Globe-Theater (s. 1599), wo Shakespeares Dramen zuerst aufgeführt wurden; gegenüber liegt das Blackfriars-Theater, ein ehemaliges Dominikanerkloster, das im Gegensatz zum halboffenen Globe-Theater einen gedeckten Zuschauerraum besaß.

Die Pariser Bluthochzeit

Herzog Alba

Die Türken vor Tunis

Professor um 1575

Pelztierjäger in Sibirien

1572 In der Bartholomäusnacht werden auf Betreiben der Königinmutter, Katharina von Medici, alle Hugenotten in Paris niedergemacht, die sich zur Feier der Hochzeit ihres Anführers Heinrich von Bourbon mit der Schwester des Königs in die Hauptstadt begeben hatten (Pariser Bluthochzeit). Unter den Opfern ist auch der Admiral von Coligny.

Neuer Aufstand der Niederländer gegen die spanische Herrschaft. Wilhelm von Oranien vertreibt Alba aus den nördlichen Provinzen und macht sich zu deren Statthalter.

1573 Polen wird nach Aussterben der Jagellonen Wahlreich. Die Thronbewerber müssen vor ihrer Wahl zum König dem Adel Versprechungen machen, der ihre Macht mehr und mehr einschränkt. Beginn der Rekatholisierung Polens.
Erster Wahlkönig in Polen ist der Franzose Heinrich von Valois. Als sein Bruder Karl IX., König von Frankreich, stirbt, verläßt er Polen, um ihm auf dem französischen Thron zu folgen.

In Japan wird der Shogun, der anstelle des Kaisers regierende Kronfeldherr, gestürzt. Die Macht übernimmt der General Nobunaga, der 1582 ermordet wird. Sein Nachfolger ist der Feldherr Hideyoshi (1582–1598), der alle selbständigen Landesfürsten der Zentralregierung unterwirft und sich das Ziel setzt, Korea und China zu erobern. Er stirbt, bevor er bleibende Erfolge erringen kann. Hideyoshi fördert die Wirtschaft. Er verfügt eine allgemeine Landaufnahme (Vermessung der Ackerflächen und Aufzeichnung der Ernteerträge), um den Grundbesitz neu zu ordnen.
Entfaltung einer prunkvollen, eleganten Kunst (Momoyama-Kultur).

1574 Die Türken erobern Tunis.

1576 Der französische Staatsrechtler Jean Bodin (1530–1596), veröffentlicht seine Lehre von der Souveränität des Herrschers. Sie bildet die theoretische Grundlage für den schon lange praktizierten Absolutismus der französischen Könige.

1576–1612 Kaiser Rudolf II., von Jesuiten erzogen, fördert in Österreich die Gegenreformation. Protestantische Geistliche werden vertrieben.

1577–1580 Der Engländer Francis Drake (gest. 1596) umsegelt als zweiter die Erde.

1579 Die nördlichen, protestantischen Niederlande schließen sich in der Utrechter Union zusammen und sagen sich 1581 von Spanien los. Wilhelm von Oranien tritt als Erbstatthalter an die Spitze des neuen Staates. Niederländische Kaufleute gründen zahlreiche Kolonien, besonders in Südasien.

1580 Philipp II. vereinigt Spanien und Portugal in Personalunion, nachdem der letzte portugiesische König in einem Kreuzzug gegen die Marokkaner gefallen ist. Er läßt Portugal von Alba besetzen.

Der größte Teil der portugiesischen Kolonien geht nach und nach an die Niederländer und Engländer verloren.

um 1580 Die Russen beginnen Sibirien zu erobern.

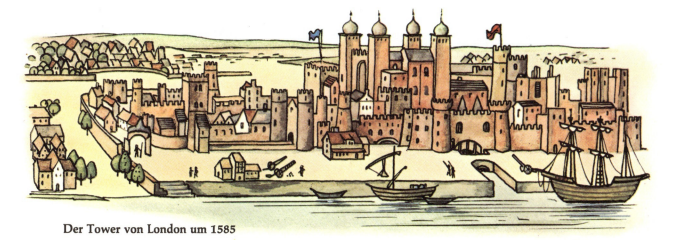

Der Tower von London um 1585

Gregorianischer Kalender

1582 In den katholischen Ländern wird auf Veranlassung von Papst Gregor XIII. der Gregorianische Kalender eingeführt. Die Länge eines Jahres wird genauer als bisher berechnet und als Ausgleich für die Abweichung von der tatsächlichen Umlaufzeit der Erde um die Sonne zusätzlich alle 4 Jahre ein Schalttag eingefügt. Bei der Umstellung von dem seit Caesar geltenden Julianischen Kalender mußten 10 Tage ausgelassen werden, weil das Jahr bisher zu lang angesetzt war.

Die Kalenderreform faßt in den nichtkatholischen Ländern nur nach und nach Fuß (im protestantischen Deutschland, in der Schweiz und in Dänemark erst 1700, in Großbritannien 1752, in Rußland und auf dem Balkan erst 1914).

Die Jesuiten beginnen in China zu missionieren. Durch ihre Anpassung an chinesische Kultur und Sitten und ihre Gelehrsamkeit gewinnen sie das Vertrauen des kaiserlichen Hofes.

1583 Der dänische Astronom Tycho de Brahe (1546—1601) veröffentlicht seine Entdeckung neuer Sterne in dem Buch „De nova Stella". Brahes genaue Himmelsbeobachtungen bilden die Grundlage für die Gesetze der Planetenbewegungen, die sein Schüler Johannes Kepler (1571—1630) später berechnet.

Tycho de Brahe

1585 Der englische Seefahrer Walter Raleigh gründet die erste englische Kolonie in Amerika. Er benennt sie nach der jungfräulichen Königin Elisabeth „Virginia". Bedeutung gewinnt diese Niederlassung aber erst nach ihrer zweiten Besiedlung (1607) durch ein Londoner Handelsunternehmen.

Wilhelm von Oranien 1584 ermordet. Sein Sohn Moritz führt den Kampf gegen Spanien fort. England unterstützt die Generalstaaten. Die Spanier erobern Antwerpen zurück.

1586—1628 Schah Abbas I. von Persien erobert von den Türken Armenien, Irak und Mesopotamien. Er fördert den Handelsverkehr durch die Anlage neuer Straßen und Brücken.

Doktor Faust

1587 Der schwedische Thronfolger Sigismund wird zum König von Polen gewählt. Er tritt zum katholischen Glauben über.

Das Volksbuch „Die Historie von D. Johann Faustus" erscheint in Frankfurt a. M. Es erzählt die geheimnisvollen Abenteuer des „Wunderarztes" Faust, der seine Heilkunst auf Jahrmärkten feilbot und 1539 starb. Faust wird als warnendes Beispiel für maßlose Wissensgier dargestellt, wodurch er dem Teufel zum Opfer fällt. Das Buch findet weite Verbreitung, wird auch in andere Sprachen übersetzt und zu Schauspielen umgearbeitet (englische Bühnenfassung z. B. 1589 von Christopher Marlowe). Johann Wolfgang von Goethe lernt den Stoff 1770 als Puppenspiel kennen.

Königin Maria Stuart von Schottland wird in England nach 18jähriger Gefangenschaft hingerichtet. Man wirft ihr vor, geheime Beziehungen zu Philipp II. von Spanien unterhalten zu haben, um Elisabeth von England vom Thron zu verjagen.

Maria Stuart

rechts: Der französische Philosoph Michel de Montaigne, der mit seinen „Essais" eine neue literarische Form schuf (s. 1592).

unten: Europäische Hoftrachten im 16. Jahrhundert. Gewöhnlich wechselte die Mode mit jedem neuen König.

von oben nach unten: Frauenmode zur Zeit Franz' I. (1515—1547). Hofgesellschaft zur Zeit Karls IX. (1560—1574). Herrenmode zur Zeit Heinrichs IV. (1589—1610)

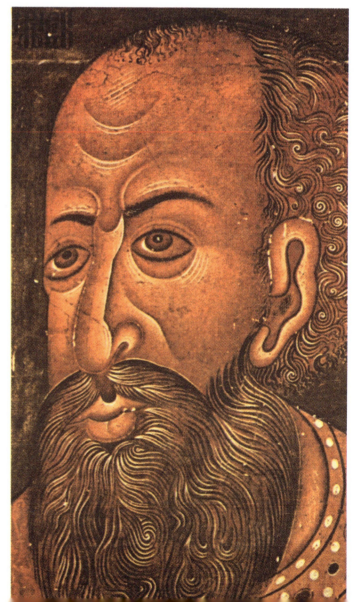

linke Seite, rechts unten: Zar Iwan IV., der Schreckliche (s. 1547–1584), unter dessen Regierung die Russen nach Sibirien vorzustoßen begannen (s. um 1580). Nach seinem Tod folgte ihm sein schwächlicher Sohn Feodor I. (1584–1598). Die eigentliche Herrschaft lag aber in den Händen des ihm zur Seite gestellten Boris Godunow *(rechts),* dem es gelang, den letzten Nachkommen aus dem Geschlecht der seit 862 in Rußland herrschenden Ruriks, den Stiefbruder Feodors, Dimitrij, 1591 zu beseitigen. Boris Godunow bestieg 1598 selbst den Thron.

unten: Der Kreml in Moskau, früher die befestigte Residenz der russischen Zaren (begründet im 12. Jahrhundert, Erweiterungen durch italienische Bauleute im 14.–16. Jahrhundert), heute Sitz der Sowjetregierung.

Heinrich IV. von Frankreich tritt zum Katholizismus über

Die Armada im Kampf

Mikroskop um 1590

Entdeckung Spitzbergens

Das Globe-Theater

1588 König Philipp II. von Spanien plant als Vergeltung für die Hinrichtung Maria Stuarts die Eroberung Englands und rüstet dazu eine riesige Flotte aus. Die spanische „Armada" wird auf der Fahrt durch den Ärmelkanal von den Engländern nahezu völlig vernichtet; die restlichen Schiffe sinken in einem Sturm.

1589 Das Patriarchat Moskau macht sich von Konstantinopel unabhängig.

1589—1610 Heinrich IV. von Bourbon, König von Frankreich. Ursprünglich Hugenotte, nimmt er den katholischen Glauben an, um im ganzen Lande Anerkennung zu finden („Paris ist eine Messe wert"). Er sorgt für Ordnung der wirtschaftlichen Verhältnisse und unterstützt Landwirtschaft und Seidenindustrie.

1590 Der Niederländer Zacharias Jansen erfindet das Mikroskop.

1592 König Sigismund von Polen (s. 1587) erbt auch die schwedische Krone. Sein Versuch, Schweden zum katholischen Glauben zurückzuführen, mißlingt.

Tod des französischen Philosophen Michel de Montaigne (geb. 1533). Er schuf mit seinen „Essais" (1580) eine neue literarische Gattung: An persönliche Erlebnisse knüpft er philosophische Betrachtungen.

1594 In Florenz findet die erste Aufführung eines musikalischen Dramas statt, der „Dafne" von Jacopo Peri (1561—1633). Die neue Musikform geht auf Anregungen italienischer Humanisten zurück; später bürgert sich die Bezeichnung „Oper" für sie ein.

1595 Torquato Tasso, einer der bedeutendsten italienischen Renaissancedichter, stirbt, Verfasser des „Befreiten Jerusalems", einer Dichtung über den ersten Kreuzzug.

1596 Spitzbergen wird entdeckt.

1598 Im Edikt von Nantes gewährt König Heinrich IV. von Frankreich den Hugenotten „Freiheit des Gewissens und des Gottesdienstes für je zwei Städte in jedem Bezirk". Er garantiert in geheimen Absprachen weitere Schutzplätze.

Tod König Philipps II. von Spanien. Unter seinen schwächeren Nachfolgern verliert Spanien an Bedeutung. Die kostspielige Kriegführung wie auch die Vertreibung der Moriscos (= christlich gewordene Mauren) haben die wirtschaftlichen Verhältnisse Spaniens stark in Mitleidenschaft gezogen.

Rußland gerät nach der Ermordung Dimitrijs, des letzten Herrschers aus dem Geschlecht der Rurik, in Anarchie. Kämpfe des Zaren Boris Godunow gegen den angeblich zurückgekehrten (falschen) Dimitrij.

1599 In London entsteht das Globe-Theater, das durch die Aufführung Shakespearescher Werke und das Auftreten des Dichters berühmt wird.

1600 Der italienische Naturphilosoph Giordano Bruno (geb. 1548) wird in Rom von der Inquisition zum Scheiterhaufen verurteilt. Sein Pantheismus widerspricht der damaligen Lehre der katholischen Kirche.

Der Shogun, der japanische Kronfeldherr

Johannes Kepler

um 1600   Englische Kaufleute gründen die Ostindische Handelsgesellschaft.

Der schottische Lord John Napier (1550—1617) erfindet die Logarithmenrechnung; die erste Logarithmentafel erscheint 1614.

1600—1750   Barockzeitalter. Ein neues Lebensgefühl erfaßt die Menschen des Abendlandes. Die in der Renaissance gesteigerte Freude am Irdischen, an Macht, Prunkentfaltung, Genuß verbindet sich jetzt mit Zweifeln an der Welt, mit einer Neubesinnung auf Gott, tiefer Religiosität und Askese.

In der Baukunst werden monumentale Fassaden, großzügige, dekorative Innenräume mit geschwungener, bewegter Linienführung bevorzugt. Ursprungsland des neuen Stils ist Italien; in Rom stehen die frühesten und eindrucksvollsten Beispiele barocker Architektur.

Nach Deutschland gelangt der Barock später (s. 1648 und 1736).

Als Maler üben starken Einfluß aus: die Italiener Michelangelo Caravaggio (1573—1610), Giovanni B. Tiepolo (1696—1770), die Franzosen Nicolas Poussin (1594—1665), Claude Lorrain (1600—1682), die Niederländer (s. 1640) und Spanier (der Grieche Domenico Theotocopuli, genannt El Greco, 1541—1614, Diego Velázquez, 1599—1660, Bartholomé Murillo, 1618—1682).

Die europäische Literatur erhält entscheidende Anregungen aus Spanien (Miguel de Cervantes, 1547—1616, Verfasser des „Don Quijote"; Lope de Vega, 1562—1635, und Pedro Calderon, 1600—1681).

Der Italiener Galileo Galilei (1564—1642) entdeckt die Pendel- und Fallgesetze, der Deutsche Johannes Kepler (s. 1583) die Gesetze über die Planetenbewegung.

Don Quijote und Sancho Pansa

1602   Gründung der niederländischen Ostindien-Kompanie. 1618 siedeln sich die ersten Niederländer in Djakarta (Batavia) an.

1603   In Japan erneuert der Feldherr Jeyasu (1542—1616) nach seinem Sieg über den Erben Hideyoshis das Shogunat (s. 1573). Er verlegt seine Residenz nach Tokio.
Japan entwickelt sich unter der Regierung Jeyasus und seiner Nachfolger zum Polizeistaat. Das gesamte private, wirtschaftliche und kulturelle Leben wird staatlich geregelt und von Spitzeln überwacht. Das Christentum wird verboten, 1636 das Land gegen jeden Einfluß von außen abgeschlossen; nur der Hafen von Nagasaki bleibt frei für chinesische und niederländische Kaufleute. Kunst und Wissenschaft gedeihen unter Anlehnung an China weiter.

Lope de Vega

1603—1625   Jakob I., Sohn der Maria Stuart, vereinigt nach dem Tode der Königin Elisabeth die schottische, englische und irische Krone als König von Großbritannien und Irland in einer Hand. Er bekennt sich zur anglikanischen Kirche und verfolgt Puritaner und Katholiken, die z. T. in die Kolonien auswandern. 1605 wird ein Anschlag von katholischer Seite auf König und Parlament rechtzeitig entdeckt (sog. Pulververschwörung). Absolutistische Machtansprüche bringen den König in Gegensatz zum Parlament.

Siedlung bei Djakarta (Batavia)

links: Spanische Truppen greifen eine niederländische Stadt an, die sich dem Aufstand
gegen die spanische Fremdherrschaft ange-
schlossen hatte (s. 1567); Ausschnitt aus einem
zeitgenössischen Kupferstich.

unten: Der bronzene Tabernakelbaldachin über
dem Papstaltar in der Peterskirche in Rom, eine
Schöpfung des großen italienischen Barock-
architekten und Bildhauers Lorenzo Bernini
aus den Jahren 1624—1633. Bernini verschönte
Rom durch mehrere Kirchen, Brunnen und vor
allem durch die 1656—1667 entstandenen
Kolonnaden der Peterskirche.

links: Eine alte Karte der britischen Inseln, auf der die Fahrtroute der spanischen Armada von 1588 eingezeichnet ist. Nur einem kleinen Rest der spanischen Schiffe gelang nach der Niederlage im Ärmelkanal die Flucht um die Insel zurück in die Heimat.

unten: Die Berufung des Zöllners Matthäus, von Michelangelo da Caravaggio um 1592 gemalt. Der Künstler verlegt die biblische Szene in die Umgebung einer zeitgenössischen Gesellschaft von Spielern und Trinkern.

Jesuiten unterweisen Indios in Paraguay

Barockfenster

Galileo Galilei

Peter Paul Rubens

Postbote um 1615

1606 Englische Kaufleute gründen die Virginia-Companie. 1611 entstehen englische Niederlassungen in Indien.

1607 Neues Aufflammen der Glaubenskämpfe im Reich: Die Bürger von Donauwörth stören eine katholische Prozession, worauf die Stadt geächtet und von Herzog Maximilian von Bayern besetzt wird.

1608 Die katholischen Reichsstände fordern die Rückgabe sämtlicher Kirchengüter von den Protestanten. Zur Verteidigung ihres Besitzes schließen sich die evangelischen Reichsstände unter Führung des Kurfürsten von der Pfalz zur Union zusammen. Die katholischen Reichsstände gründen 1609 die Liga unter dem Herzog von Bayern.

1609 Die Jesuiten richten in Paraguay Reservate ein (sog. „Jesuitenstaat"), in denen den Indianern Schutz gewährt wird. Sie unterweisen die Eingeborenen im christlichen Glauben, in fortschrittlichen Bewirtschaftungsmethoden und erziehen sie zur Selbstverwaltung. Die Reservate lösen sich aber 1767 nach der Vertreibung der Jesuiten auf.

Kaiser Rudolf II. gestattet in einem „Majestätsbrief" dem böhmischen Adel und den königlichen Städten den Bau protestantischer Kirchen. Er sichert den Protestanten volle Religionsfreiheit zu.

Der englische Seefahrer Henry Hudson (1550—1611) entdeckt die Mündung des nach ihm benannten Hudsonflusses in Nordamerika und dringt bis zur Hudsonbay vor.

1610 König Heinrich IV. von Frankreich wird ermordet. Ihm folgt sein minderjähriger Sohn Ludwig XIII. (1610—1643), für den seine Mutter Maria von Medici die Regentschaft führt. 1614 werden zum letztenmal die Generalstände einberufen. Danach Festigung des Absolutismus, der uneingeschränkten Gewalt der Könige.

Galilei (s. S. 105) veröffentlicht die Entdeckung der Jupitermonde (s. S. 110).

1611 Gustav II. Adolf wird König von Schweden. Er benutzt die russischen Wirren (s. 1598), um Karelien und Ingermanland zu besetzen.

1612—1619 Kaiser Matthias setzt im Reich die Politik religiöser Duldsamkeit fort. Sein Vetter, Erzherzog Ferdinand, versucht als Statthalter in Böhmen die Zugeständnisse Rudolfs II. an die Protestanten rückgängig zu machen.

1613 Eine russische Nationalversammlung wählt Michael Romanow zum Zaren (gest. 1645). Michael stellt die innere Ordnung Rußlands wieder her.

1614 In Antwerpen beendet der große flämische Barockmaler Peter Paul Rubens (1577—1640) sein Altargemälde „Die Kreuzabnahme".

1615 Die Fürsten Taxis werden mit dem Amt des Generalpostmeisters im deutschen Reich belehnt.

Englische Siedler landen in Nordamerika

1618 Der „Fenstersturz in Prag" leitet den Dreißigjährigen Krieg ein. Beschwerden böhmischer Protestanten über gewaltsame Einschränkung der ihnen von Kaiser Rudolf II. zugestandenen Rechte waren erfolglos geblieben. Das empörte Volk dringt darauf in die Prager Burg ein und stürzt zwei kaiserliche Räte aus dem Fenster. Zu den konfessionellen Spannungen treten nationale Gegensätze, Unduldsamkeit und das Streben der Fürsten nach selbständiger Landesherrschaft als weitere Ursachen des Krieges.

Der Kurfürst von Brandenburg erbt das Herzogtum Preußen.

Fenstersturz zu Prag

1619 Erzherzog Ferdinand von Österreich wird in Frankfurt zum deutschen Kaiser gewählt. Die Böhmen erheben dagegen den Führer der protestantischen Union, Kurfürst Friedrich von der Pfalz, zum König. Ein Heer des Kaisers und der Liga vertreiben Friedrich aus Prag. Er flüchtet nach Holland.

1620 Englische Puritaner, die „Pilgerväter", landen mit der „Mayflower" an der amerikanischen Küste in der Massachusettsbay und gründen mehrere Siedlungen. Sie wollen dort, frei von staatlicher Aufsicht, streng nach den Grundsätzen der calvinistischen Lehre leben. Die Beschäftigung von Sklaven lehnen die Pilgerväter ab. Ihre Niederlassungen blühen schnell auf.

Negersklaven

in Nordamerika

1621–1665 Philipp IV., König von Spanien. Er beginnt sofort nach seiner Thronbesteigung einen Krieg gegen die Niederlande, kann sie aber an ihrem weiteren Aufstieg zu einer bedeutenden See- und Handelsmacht nicht hindern.

1623 In England wird ein erstes Patentgesetz erlassen.

Kaiser Ferdinand verleiht das Land des geächteten Kurfürsten Friedrich von der Pfalz dem Herzog von Bayern.

1624 In Frankreich wird Kardinal Richelieu ins Staatsministerium berufen. Bis 1642 leitet er allein die Staatsgeschäfte nach den Grundsätzen der „Staatsräson". Er stärkt die Macht der französischen Krone, indem er die Sonderrechte des Adels und der Hugenotten bekämpft. Sein Ziel ist es, Frankreich zur europäischen Führungsmacht zu erheben.

Kardinal Richelieu

Der schlesische Dichter Martin Opitz (1597–1639) gibt sein „Buch von der deutschen Poeterey" heraus, die erste Verslehre in deutscher Sprache. Er will damit erreichen, daß die in Hof- und Gelehrtenkreisen gering geachtete Volkssprache gesellschaftsfähig wird.

Tod des protestantischen Mystikers Jakob Böhme (geb. 1575), dessen visionäre Schriften über Gott und Welt noch lange in Europa nachwirken.

1625–1649 König Karl I. von England sucht einen Ausgleich mit der katholischen Kirche. Er verfolgt die Puritaner, die in immer größerer Zahl auswandern. Seine eigenmächtige Regierungsweise bringt ihn in Konflikt mit dem Parlament (s. 1628, 1640).

Jakob Böhme

links: Prag mit dem Hradschin, dem königlichen Schloß (links im Hintergrund). Von hier aus nahm 1618 der Dreißigjährige Krieg mit dem „Fenstersturz" seinen Anfang; zeitgenössischer Stich.

rechte Seite: Ausschnitt aus einem Landschaftsgemälde von Peter Paul Rubens (s. 1614) aus der Spätzeit seines Schaffens.

unten: Handschriftliche Notizen Galileo Galileis (s. 1600 unter „Barockzeitalter", und 1633) über seine Entdeckung der Jupitermonde, Januar 1610.

Die Peterskirche in Rom

Vinzenz von Paul

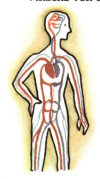

Nachweis des Blutkreislaufes

Gustav II. Adolf von Schweden

Wallenstein

1625 Der dänische König Christian IV. (1588—1648), zugleich Herzog von Holstein, greift in die deutschen Glaubenskämpfe ein. Er wird von Wallenstein, dem kaiserlichen Oberbefehlshaber, und Tilly, dem Feldherrn der Liga, geschlagen; Holstein und Jütland werden besetzt. Wallenstein wird zum Herzog von Mecklenburg ernannt.

Der Franzose Vinzenz von Paul (1581—1660) gründet den Orden der Lazaristen (oder Vinzentiner), der ihm helfen soll, sein Werk der Caritas (Fürsorge für Arme und Kranke, Sträflinge, Sklaven und Waisen) fortzuführen.

1626 Die Peterskirche in Rom wird nach Fertigstellung ihres Umbaues (seit 1506) neu geweiht (Kuppel von Michelangelo Buonarotti entworfen). Sie ist die größte Kirche der katholischen Christenheit.

1627 Der sächsische Hoforganist Heinrich Schütz (1585—1672) komponiert die erste deutsche Oper nach einem Text von Martin Opitz (s. 1624).

1628 Der englische Anatom und königliche Leibarzt William Harvey (1578—1657) entdeckt den Kreislauf des Blutes.

In der „Petition of Rights" fordert das englische Parlament das alleinige Steuerbewilligungsrecht und den Schutz aller Bürger vor willkürlicher Verhaftung. Karl I. erkennt die Grundsätze an, löst aber 1629 das Parlament auf und regiert absolutistisch weiter.

1629 Kaiser Ferdinand II. erläßt das Restitutionsedikt, in dem er von den evangelischen Fürsten die Rückgabe der von ihnen eingezogenen geistlichen Güter verlangt.

1630 Wallenstein wird auf Betreiben der Fürsten abgesetzt.

König Gustav II. Adolf von Schweden (s. 1611) landet in Pommern. Er will seine Machtstellung im Ostseeraum weiter ausdehnen und den bedrängten deutschen Protestanten helfen. 1631 besiegte er in der Schlacht bei Breitenfeld das kaiserliche Heer und stößt weit nach Mitteldeutschland vor. Wallenstein wird wieder kaiserlicher Oberbefehlshaber.

1632 Gustav II. Adolf fällt in der Schlacht bei Lützen. Der schwedische Kanzler Oxenstierna übernimmt die politische Leitung in Schweden.

1633 Ein Inquisitionsgericht verurteilt Galilei (s. S. 105, 108, u. 110) zum Widerruf seiner Behauptung, daß sich die Erde um die Sonne drehe. Galilei gehorcht.

1634 Wallenstein verhandelt heimlich mit der Gegenseite über einen Waffenstillstand. Auf Veranlassung des Kaisers, der von dem „Verrat" erfährt, wird er ermordet.

1635 Frankreich greift zur Unterstützung der Schweden, denen es bisher schon Hilfsgelder gewährt hatte, in den Krieg ein. Es erringt mit seinen Truppen in Süddeutschland Erfolge.

Opernaufführung in Venedig

1635   Richelieu gründet die „Académie Française". Sie soll über die Reinheit der französischen Sprache wachen und die französische Dichtung fördern. Der Akademie gehören vierzig Mitglieder an, die „Unsterblichen", führende Denker und Dichter Frankreichs.

1637   Ferdinand III. wird deutscher Kaiser (gest. 1657). Er bemüht sich, im Glaubenskrieg Friedensverhandlungen in die Wege zu leiten.

Venedig errichtet das erste öffentliche Opernhaus. Aufführungen hatten bisher nur an Fürstenhöfen vor geladener Gesellschaft stattgefunden. Claudio Monteverdi (1567—1643) erringt hier mit seinen Opern große Erfolge.

Rembrandt bei der Arbeit

1640   Revolution in Portugal. Die Portugiesen wählen den Herzog von Braganza zum König und sagen sich von Spanien los (s. 1580).

Karl I. beruft das englische Parlament wieder ein (s. 1628), um seine Unterstützung gegen einen Aufstand der Schotten zu gewinnen. Der Streit um die Befehlsgewalt über das Heer, vom König und vom Parlament beansprucht, führt zum Bürgerkrieg.

1640—1688   In Brandenburg regiert Friedrich Wilhelm, der „Große Kurfürst". Er schafft die Voraussetzungen für den späteren Aufstieg seines Landes: Beamtentum und Heer.

Kardinal Mazarin

um 1640   Blütezeit der niederländischen Malerei; die hervorragenden Künstler sind: Peter Paul Rubens (1577—1640), Franz Hals (um 1584—1666), Rembrandt van Rijn (1606—1669), Jacob van Ruisdal (1628—1682), Vermeer van Delft (1632—1675).

1642   Nach Richelieus Tod wird Kardinal Mazarin mit der Leitung der Regierungsgeschäfte in Frankreich beauftragt. Er führt sie auch nach dem Tod König Ludwigs XIII. (1643) für den minderjährigen Ludwig XIV. bis 1661 fort. Mazarin verfolgt das Ziel seines Vorgängers weiter.

1642—1649   Bürgerkrieg in England. Der Führer einer puritanischen Sondergruppe, der Independenten (= Unabhängige), Oliver Cromwell, besiegt mit seinem Reiterheer die königlichen Truppen.

Torricellis Luftdruckmessung

1643   Der Italiener Evangelista Torricelli (1608—1647), ein Schüler Galileis, mißt den Luftdruck mit Hilfe einer Quecksilbersäule und konstruiert das Barometer.

1644   In China Ende der Ming-Dynastie (seit 1368). Beginn der Mandschu-(Ts'ing-) Dynastie. Ihre Herrscher zwingen die Chinesen zum Tragen des Zopfes, der mandschurischen Haartracht. Die Mandschu beherrschen China bis 1911.

1645   In Münster beginnen ohne Beteiligung der Spanier Friedensverhandlungen mit den Franzosen, in Osnabrück mit den Schweden.

Tod des niederländischen Staatsmannes und Gelehrten Hugo Grotius (geb. 1583). In seiner Schrift „De iure belli ac pacis" (1625) begründet er das Völkerrecht; er setzt sich für die Freiheit der Meere und des Handels ein.

Englische Mode im 17. Jahrhundert

links: Karl I. von England (s. 1625–1649); Ausschnitt aus einem Gemälde von Anton van Dyck, um 1635, das den König als selbstbewußten Herrscher zeigt, noch unbehelligt von den Auseinandersetzungen mit dem Parlament, welches seinen Sturz herbeiführt und 1649 seine Hinrichtung erwirkt.

oben: Philipp IV. von Spanien (s. 1621–1665), Gemälde von Diego Velázquez aus seiner zweiten Madrider Schaffensperiode (1631 bis 1638), in der der Künstler mehrere Reiter- und Geschichtsbilder von leuchtender Farbkraft schuf (u. a. Die Übergabe von Breda, s. S. 118).

oben: Artemisia, Gemälde von Rembrandt van Rijn, (s. um 1640). Für diese karische Königin, die ihrem Gatten Mausolos um 350 v. Chr. ein prächtiges Grabmal in Halikarnassos errichten ließ, stand Saskia von Uijlenburgh, die Frau des Malers (gest. 1642), Modell.

oben: Queen's House in Greenwich (entstanden 1615—1635) und Banqueting House in London (links), Bauten des an italienischen Vorbildern geschulten englischen Architekten Inigo Jones (1573—1652) in dem in England selten angewendeten Renaissancestil.

Szene aus dem Dreißigjährigen Krieg

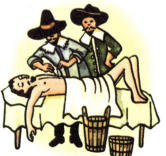

Feldscher bei der Operation

Residenz des Dalai Lama

Barockkirche

Geigenbauer in Cremona

1645 In Lhasa wird die Residenz des Dalai Lama erbaut, der Oberhaupt eines reinen Mönchstaates in Tibet ist.

1645—1676 In Rußland herrscht Zar Alexej III. Er gewinnt von den Polen Teile der Ukraine und wirft einen Aufstand der Donkosaken nieder. Sibirien wird bis zur chinesischen Grenze in Besitz genommen. Alexej III. erneuert die kulturelle Verbindung mit dem Westen.

1648 Der Westfälische Friede von Münster und Osnabrück beendet den Dreißigjährigen Krieg. Die evangelischen Konfessionen, die Reformierten eingeschlossen, werden als gleichberechtigt anerkannt. Jeder kann frei sein Bekenntnis wählen. Die Fürsten erhalten die volle Souveränität. Das Reich wird zu einem Staatenbund einiger großer und vieler kleiner Fürstentümer und Städte. Die Schweiz und die Niederlande scheiden aus dem Reichsverband aus. Frankreich erhält Besitzungen im Elsaß; Schweden bekommt Vorpommern mit Rügen und die Bistümer Bremen und Verden; Brandenburg erhält Hinterpommern. Die Oberpfalz und eine neue (8.) Kurwürde werden Bayern zugeteilt.

Weite Landstriche sind infolge des Krieges verwüstet, die Bevölkerungszahl ist um 40 % gesunken. Sie wird auf 8,5 Millionen geschätzt. Der Handel ist fast zum Erliegen gekommen. Entlassene Soldaten ziehen noch lange plündernd durch das Land. Deutschland hat seine europäische Vormachtstellung an Frankreich abtreten müssen. Französische Mode und Sitten werden maßgebend.

Der Wiederaufbau zerstörter Städte und Kirchen geht anfangs nur zögernd vorwärts, wird aber nach der Jahrhundertwende eifrig und unter großer Prunkentfaltung im Barockstil betrieben.

In der deutschen Literatur setzt ein neuer Aufschwung ein: Romane wie die Lebensbeschreibung des Simplizius Simplizissimus von Hans Jakob Christoffel von Grimmelshausen (1622—1676) finden Anklang. Für höfische Feste und kirchliche Feiern entstehen Gedichte, Lieder und Sinnsprüche, z. B. von Friedrich Spee (1591—1635), Simon Dach (1605—1659), Angelus Silesius (= Johann Scheffler, 1624—1677), Paul Gerhardt (1607—1676), Friedrich von Logau (1604—1655). Jakob Bidermann (1578—1639) und Anton Gryphius (1616—1664) schreiben für das Theater Dramen und Lustspiele.

Neben der Kirchenmusik (Messen, Oratorien) erfreut sich mehr und mehr die profane Musik (Oper, Kunstlied, Instrumentalwerke) großer Beliebtheit. In Hamburg wird 1678 ein Opernhaus eröffnet.

Die Geige erhält um 1600 ihre heutige Gestalt. An ihrer Entwicklung arbeiten berühmte italienische Geigenbauerfamilien, z. B. Amati, Stradivari in Cremona.

1648—1653 In Frankreich Aufstand des Adels gegen die absolutistische Regierungsweise Mazarins. Mazarin wird 1651 für kurze Zeit verbannt, der Aufstand blutig niedergeschlagen.

**Guerickes Versuch
mit den „Magdeburger Halbkugeln"**

um 1650 Das englische Parlament stellt König Karl I. vor Gericht und läßt ihn nach kurzem Prozeß hinrichten. Königtum und Oberhaus werden abgeschafft. In England wird die Republik (Commonwealth) ausgerufen, geführt von einem Staatsrat. Irland und Schottland werden zum Anschluß gezwungen.

1650 Wilhelm II. von Oranien stirbt. Die Provinzen beschließen, die Statthalterwürde abzuschaffen, da man fürchtet, sie könne benutzt werden, um eine Alleinherrschaft zu errichten.

um 1650 Glanzvoller Höhepunkt des französischen Geisteslebens: Pierre Corneille (1606–1684) und Jean Racine (1639–1699) dichten Dramen nach klassischen Vorbildern. Jean Baptiste Molière (1622–1673) entlarvt in seinen Komödien menschliche Schwächen. Jean de La Fontaine (1621–1695) gibt in seinen Fabeln kluge Ratschläge.

Für die Philosophen René Descartes (1596–1650) und Blaise Pascal (1623 bis 1662) bilden Mathematik und Physik die Ausgangsbasis ihres Erkenntnisstrebens. Descartes wird durch den Glauben an die Erkenntnisfähigkeiten des menschlichen Verstandes zum Wegbereiter der Aufklärung; Pascal verbindet in seinen Werken geistige Klarheit mit inniger Glaubenstiefe.

Der Architekt Jules Mansart (1646–1708, Erfinder des Mansardendaches) baut das Schloß Versailles aus. Schloß und Parkanlage werden Vorbild für ganz Europa.

Der deutsche Physiker Otto von Guericke (1602–1686), zeitweise Bürgermeister von Magdeburg, erfindet die Elektrisiermaschine und die Kolbenluftpumpe zur Herstellung luftleerer Räume, die er 1654 dem Reichstag zu Regensburg vorführt. Später macht er Versuche mit den luftleeren „Magdeburger Halbkugeln".

1651 Der Engländer Thomas Hobbes (1588–1679) veröffentlicht in seinem „Leviathan" eine Staatsrechtslehre, die die absolutistische Monarchie als vernünftigste Staatsform darstellt.

Zur gleichen Zeit schreibt der englische Dichter John Milton (1608–1674), der Verfasser des aus puritanischem Geist gedichteten „Verlorenen Paradieses", eine Streitschrift gegen den Absolutismus.

Cromwell erläßt die „Navigationsakte". Sie bestimmt, daß Waren aus Übersee nur auf englischen Schiffen geladen werden dürfen, aus Europa nur auf Schiffen des Ursprungslandes. Cromwell will dadurch den sehr einträglichen niederländischen Zwischenhandel ausschalten. Das führt zum

1652–1654 Seekrieg zwischen den Niederlanden und England. Die Niederlande unterliegen und müssen die Navigationsakte anerkennen. England ist die führende Seemacht in der Welt geworden.

Hinrichtung Karls I. von England

René Descartes

Molière beim Vorlesen

Thomas Hobbes

rechte Seite, oben: Der Bürgermeister Boas mit seiner Familie; Ausschnitt aus einem Gemälde des flämischen Malers Dirck Dirckszon Santvoort (um 1610–1680). Das Bild zeigt den Wandel der Mode im 17. Jahrhundert: Die Eltern tragen noch die steife Halskrause, das typische Merkmal des 16. Jahrhunderts, die Kinder dagegen breite, flach aufliegende Spitzenkragen. Die Hosen sind länger und schmaler, die Ärmel werden mit kostbaren Aufschlägen verziert.

rechte Seite, unten: Die Hauptpersonen aus einigen Lustspielen des französischen Komödiendichters Jean Baptiste Molière (s. um 1650); Stiche aus dem 19. Jahrhundert.

oben: Die Übergabe von Breda, Gemälde des Spaniers Diego Velázquez, um 1634/1635 (s. auch S. 105, 114). Die Stadt wurde im Dreißigjährigen Krieg 1625 von spanischen Truppen eingenommen, 1637 aber von den Niederländern zurückerobert.

rechts: Die berühmte Sternwarte von Greenwich, durch die der Nullmeridian verläuft. Sie wurde im Jahre 1675 von König Karl II. von England gegründet, später aber in die Burg von Hurstmonceux in Sussex verlegt, wo die reinere Luft eine genauere Beobachtung des Himmels ermöglichte. Ansicht der alten Beobachtungsstation nach einem Stich aus dem 17. Jahrhundert.

Der Menschenfeind   Eine Lächerliche Preziöse   Don Juan   Der Geizige

Ludwig XIV. beim Übergang über den Rhein

Oliver Cromwell

Erster Bildwerfer

Französischer Teppichgarten

Französische Manufaktur

1653 Cromwell löst das Parlament auf und wird Lord-Protektor von England, Schottland und Irland. Gestützt auf Heer und Flotte regiert er mit diktatorischer Macht.

1658–1705 Kaiser Leopold I. Er vernachlässigt die Reichsangelegenheiten, wahrt aber mit Hilfe des Prinzen Eugen (s. 1697) den habsburgischen Hausbesitz.

1658 Frankreich schließt mit den rheinischen Fürsten den ersten Rheinbund.

Oliver Cromwell stirbt. Nachfolger als Protektor wird sein Sohn Richard, der sich aber nicht durchzusetzen vermag. Das Parlament ruft die Stuarts zurück (s. 1660–1685).

1659 Im Pyrenäen-Frieden muß Spanien Roussillon und Flandern an Frankreich abtreten. Die Engländer erhalten für ihre den Franzosen geleistete Hilfe Dünkirchen, verkaufen es aber 1662 wieder an Frankreich.

1660–1685 König Karl II., Sohn Karls I., stellt die anglikanische Kirchenordnung in England wieder her. Er muß dem Parlament zahlreiche Zugeständnisse machen (s. 1673 und 1679).

um 1660 Erster Bildwerfer, die „Camera obscura", konstruiert.

In Deutschland erscheint die erste politische Tageszeitung, die Leipziger „Neuen einlaufenden Nachrichten".

1661 Bombay wird von der englischen Krone erworben und von der Ostindischen Kompanie zum größten Hafen und Umschlagplatz an der indischen Westküste ausgebaut.

1661–1715 Ludwig XIV. von Frankreich übernimmt nach dem Tode Mazarins persönlich die Leitung der Regierung. Er setzt die Politik im Sinne Richelieus und Mazarins fort. Die Verwaltung des Staates wird zentralisiert, der Adel verliert seine politischen Rechte, er sinkt zum „Hofadel" herab. Die uneingeschränkte Herrschergewalt erreicht in Frankreich unter Ludwig XIV. ihren Höhepunkt („L'Etat c'est moi").

Der Finanzminister Jean Baptiste Colbert (1619–1683) hebt durch handelsfördernde Maßnahmen den Reichtum des Landes (Merkantilismus): Einfuhren werden durch hohe Zölle gedrosselt, Ausfuhren begünstigt, Rohstoffe im Inland verarbeitet, fremde Gewerbezweige und Facharbeiter angesiedelt, Münzen, Maße und Gewichte vereinheitlicht, Straßen, Kanäle, Häfen ausgebaut. Einrichtung von Manufakturen (Großbetrieben, in denen die Handarbeit noch vorherrscht, jedoch schon einfache Maschinen verwendet werden).

Hohe Kosten verursachen die üppige Hofhaltung und die militärischen Anstrengungen (Anlage eines breiten Festungsgürtels an der Ostgrenze, Unterhaltung eines großen Heeres). Um Frankreich zu vergrößern, führt Ludwig XIV. viele Eroberungskriege.

Die meisten Lasten hat das niedere Volk (Bauern und Bürger) zu tragen, da der Adel und die Geistlichkeit Steuerfreiheit besitzen.

Schloß Versailles

1662 Gründung der „Royal Society", der englischen Akademie der Wissenschaften. Sie setzt sich besonders die Förderung der Naturwissenschaften zum Ziel.

Der englische Naturforscher Robert Boyle (1627–1691) leitet mit seiner These von der Unabänderlichkeit der chemischen Elemente ein neues Zeitalter der Chemie ein. Er entdeckt das Gasgesetz.

Französischer Kanal

1662–1722 In China regiert der Kaiser Kang-hi (auch Scheng-tsu). Seine Sozialmaßnahmen heben die Wohlfahrt des Reiches und führen zu einer raschen Bevölkerungsvermehrung. Er schließt mit den Russen 1689 den ersten chinesisch-europäischen Grenzvertrag (Amur-Linie) ab. Förderer des Konfuzianismus.

1663 In Regensburg tritt ein ständig tagender deutscher Reichstag zusammen. Ihm gehören die Gesandten der Kurfürsten, die Vertreter der geistlichen und weltlichen Fürsten und Grafen sowie die Abordnungen der Reichsstädte an. Auflösung: 1806.

Kaiser Kang-hi

1664 Die Türken werden von einem kaiserlichen Heer an der Raab besiegt.

Der französische Finanzminister Colbert gründet die französische Ostindienkompanie.

1664–1667 Zweiter englisch-holländischer Seekrieg wegen der verschärften Durchführung der Navigationsakte. In Amerika verlieren die Holländer das 1626 gegründete Neu-Amsterdam, das den Namen New York erhält.

1665 König Friedrich III. von Dänemark (1648–1670) erläßt mit Hilfe der Geistlichkeit und des Bürgertums das „Königsgesetz", die einzige geschriebene Verfassung einer absolutistischen Monarchie. Dänemark wird Erbmonarchie, zu der auch Norwegen, Island und die Färöer-Inseln gehören.

Kathedrale in Mexiko

In Frankreich und England erscheinen die ersten Zeitschriften; in Paris das „Journal des Savants", in London die „Philosophical Transactions". Erste deutsche wissenschaftliche Zeitschrift 1682: „Acta Eruditorum"; erste Unterhaltungszeitschrift in deutscher Sprache 1688: Leipziger „Monatsgespräche".

1667 Die Kathedrale von Mexiko, ein Wahrzeichen des spanischen Kolonialbarocks, wird nach 95jähriger Bauzeit fertiggestellt.

1667–1668 Ludwig XIV. beginnt aufgrund von Erbschaftsansprüchen einen Krieg gegen Spanien und erobert Flandern und die Freigrafschaft Burgund. Ein Bündnis der bedrohten Niederlande mit England und Schweden setzt dem Vordringen der Franzosen ein Ende. Frankreich gibt Burgund wieder heraus, behält aber 12 flandrische Städte.

1669 Letzter Hanse-Tag in Lübeck. Die Tradition der Hanse führen Lübeck, Hamburg und Bremen fort.

Die Türken erobern Kreta.

Spanische Mode im 17. Jahrhundert

Der Lordprotektor Oliver Cromwell (s. 1653) wird auf diesem Kupferstich aus dem Jahre 1658 — kurz vor seinem Tod entstanden — als Befreier Englands von Irrtum und Sünde gepriesen, als der von Gott gesandte Erneuerer aller Tugenden, der dem Volk die lang erwartete Freiheit und Glückseligkeit bringt.

links: Ludwig XIV., der „Sonnenkönig" (s. 1661—1715); Ausschnitt aus einem Gemälde von Hyacinthe Rigaud, 1701.

oben: Skulpturen in den Gärten von Versailles (s. um 1650). Das Schloß in Versailles und der Louvre sind Bauwerke, mit denen der Name des Sonnenkönigs eng verknüpft ist.

unten: König Karl II. (s. 1660—1685), der Sohn des 1649 hingerichteten Karls I., wird bei seiner Rückkehr nach England 1660 in Dover von der Menge jubelnd empfangen.

Fort der Hudson's Bay Company

Johann Amos Comenius

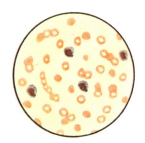

Newton bei Spektralversuchen

Rote Blutkörperchen (vergrößert)

Verteidigung Hollands

1670 Gründung der Hudson's Bay Company. Die mit königlichen Privilegien ausgestattete Gesellschaft vermittelt den Handel mit den Indianern, denen sie hauptsächlich Pelze abkauft.

Tod des böhmischen Pädagogen Johann Amos Comenius (geb. 1592). Als Bischof der Böhmischen Brüdergemeine bereiste er ganz Europa und warb für die Idee eines ewigen Friedens. Er verfaßte zahlreiche Lehrbücher und pädagogische Reformschriften, trat für eine allgemeine Schulpflicht ein und empfahl ein nach Veranlagung der Kinder gegliedertes Schulwesen.

1672 Dem englischen Naturforscher Isaac Newton (1643–1727) gelingt es, das Sonnenlicht mit Hilfe eines Prismas in Spektralfarben zu zerlegen. Mit seinem Werk „Die mathematischen Grundlagen der Naturphilosophie" (1687) begründet Newton die klassische Physik.

1672–1678 König Ludwig XIV. führt Krieg gegen die Niederlande, die sich nur durch Öffnen der Schleusen gegen die eindringenden Truppen retten können. Frankreich erhält von England und Schweden Hilfe, die Niederlande von Brandenburg, dem Reich und Spanien. Wilhelm III. von Oranien wird an die Spitze der Republik berufen.

1673 Das englische Parlament beschließt die Testakte, in der festgelegt wird, daß jeder englische Beamte den König als obersten Kirchenherrn anerkennen muß. Katholische Untertanen werden damit von den Staatsämtern (1678 sogar aus dem Parlament) ausgeschlossen. Erneut starke Auswanderung nach Amerika.

Der niederländische Naturforscher Antony van Leeuwenhoek (s. 1723) entdeckt die roten Blutkörperchen.

1674 Die Franzosen gründen Kolonien in Kanada und am Mississippi.

1675 Der Kurfürst von Brandenburg schlägt bei Fehrbellin die Schweden und besetzt 1677 Vorpommern.

1678 Der Friede zu Nymwegen beendet den französisch-niederländischen Krieg. Die Niederlande behalten ihre Besitzungen gegen das Versprechen der Neutralität. Spanien muß erneut Teile der spanischen Niederlande an Frankreich abtreten, der Kaiser Freiburg/Brsg.

1679 Das englische Parlament erzwingt von Karl II. die Habeas-Corpus-Akte: den Schutz des Bürgers vor willkürlicher Verhaftung. Ohne ordnungsgemäßen Haftbefehl oder richterliches Urteil darf niemand eingekerkert werden.

Die englischen Parteinamen „Whigs" (liberale Kaufleute und Bürger, Gegner des Königshauses) und „Tories" (konservative Adlige, Anhänger der Stuarts) entstehen.

1680 König Ludwig XIV. setzt Gerichte (Reunionskammern) ein, die Rechtsansprüche auf fremde Gebiete feststellen sollen.

1681 Die Franzosen besetzen Straßburg.

Die Türken vor Wien

1682 Die französischen Bischöfe erklären auf Veranlassung Ludwigs XIV. ihre Unabhängigkeit vom Papst (gallikanische Staatskirche).

Der englische Astronom Edmond Halley (1656—1742) berechnet die Bahn eines Kometen, von dem man befürchtet, daß er mit der Erde zusammenstoßen werde.

William Penn (1644—1718), Führer der englischen Quäker, einer radikalen Puritanersekte, gründet mit Erlaubnis des englischen Königs in Nordamerika die Kolonie Pennsylvanien, in der volle Glaubensfreiheit herrscht.

1683 Die Chinesen besetzen Formosa.

Der Große Kurfürst erwirbt an der Goldküste Groß-Friedrichsburg. Seine Nachfolger müssen es 1717 an die Holländer verkaufen.

1683—1699 Türkenkriege. Die Türken belagern Wien, werden aber von einem vereinigten europäischen Entsatzheer unter Führung des Polenkönigs Johann Sobiesky (1674—1696) zurückgeschlagen.

1684 Die Franzosen besetzen Luxemburg und Trier.

1685 Ludwig XIV. hebt das Edikt von Nantes auf (s. 1589). Mehr als 50 000 Familien wandern trotz des Verbotes in die Niederlande, nach Brandenburg und England aus. Ihre Emigration fördert die industrielle Entwicklung der Gastländer, besonders Brandenburgs.

1685—1688 Jakob II., König von England, während seiner Emigration in Frankreich katholisch geworden, will den Katholizismus in England wiederherstellen. Er hebt 1687 die Testakte auf (s. 1673).

1686 Im Krieg gegen die Türken wird Ungarn zurückerobert und Teil der habsburgischen Monarchie.

1688 Unblutige, sogenannte „Glorreiche Revolution" in England. Jakob II. wird abgesetzt und flieht nach Frankreich. Das Parlament beruft Wilhelm III. von Oranien als König und sichert sich vor der Krönung im Februar 1689 in der „Bill of Rights" alle seine früher erkämpften Rechte. England, für kurze Zeit (bis 1702) mit den Niederlanden verbunden, wird endgültig eine parlamentarische Monarchie.

Der englische Philosoph John Locke (1632—1704) verteidigt in „zwei Abhandlungen über die Regierung" den Gedanken der Volkssouveränität und des Widerstandsrechtes. Mit seinem 1690 erschienenen „Versuch über den menschlichen Verstand" begründet er den philosophischen Empirismus, der besagt, daß alles Wissen auf Erfahrung beruht.

1689 Die Franzosen fallen in die Pfalz ein. Ein Reichsheer erobert das zerstörte Heidelberg zurück. Der englische König Wilhelm III. bildet eine europäische Koalition gegen das französische Hegemoniestreben.

Edmond Halley

William Penn

Hugenotten in Holland

John Locke

links: Die Belagerung von Besançon, Szene aus dem Krieg Ludwigs XIV. gegen die Niederländer, s. 1672–1678; Ausschnitt aus einem Gemälde von Adam Frans van der Meulen, dem Hofmaler des französischen Königs von 1664–1690.

rechte Seite, oben links: Vorführung im Palast eines chinesischen Mandarins aus der Mandschu-Zeit (s. 1644). Die Mandarine waren Adelige, die die höchsten zivilen und militärischen Ämter bekleideten.

oben rechts: Pagode auf einer Brücke in der südchinesischen Provinz Fukien.

oben: Johann Sobiesky, König von Polen, der Sieger über die Türken bei der Belagerung von Wien (s. 1683–1699).

links: Der englische Naturforscher Isaac Newton (s. 1672). Er war von 1703 bis zu seinem Tode Präsident der „Royal Society" (s. 1662).

darüber: Die Spektralfarben des Sonnenlichtes.

rechte Seite, unten: Der englische Quäker-Führer William Penn schließt im November 1683 mit nordamerikanischen Indianern einen Freundschaftsvertrag (s. 1682); zeitgenössischer Stich von Benjamin West. Die von Penn gegründete Kolonie Pennsylvanien wurde ein Musterland religiöser und politischer Toleranz.

Peter der Große vor dem Kreml

Peter der Große in Holland

Prinz Eugen

Schloß Belvedere

Karl XII. von Schweden

1689–1725 Zar Peter I., der Große, Alleinherrscher über Rußland. Unter seiner Regierung wird Rußland eine neue europäische Großmacht, die in internationale Auseinandersetzungen eingreift.

Mit Hilfe von ausländischen Ratgebern schafft Peter I. ein modernes Heer, fördert Handel, Gewerbe und Bergbau, reorganisiert die innere Verwaltung. Er regiert wie andere westliche Herrscher absolut und schränkt die Rechte des Adels (der Bojaren) erheblich ein. 1698 unterdrückt er blutig einen Aufstand seiner Leibgarde, der Strelitzen. 1703 gründet er St. Petersburg (seit 1712 neue Residenz).

Peters I. Ziel ist es, Rußland Zugang zum Meer zu verschaffen. 1696 erobert er Asow; im Nordischen Krieg (s. S. 129) entreißt er nach manchen Rückschlägen Schweden die Vormacht im Ostseeraum. Der Bau einer Flotte soll die errungene russische Stellung sichern. Auf zahlreichen Auslandsreisen studiert der Zar Schiffbau, Seefahrt und Kriegstechnik.

1692 Engländer und Niederländer vernichten gemeinsam die französische Flotte bei La Hogue. Frankreich tritt als Konkurrent der Seemächte bei dem Erwerb von Kolonien in Übersee in den Hintergrund.

1694 Die Bank von England wird in London gegründet.

1695 Der Professor für orientalische Sprachen, August Hermann Francke (1663 bis 1727), gründet in Halle eine Armenschule, aus der sich die nach ihm benannten Stiftungen entwickeln. Er will dort heimatlosen jungen Menschen Geborgenheit und ein neues Zuhause geben und ihnen die Möglichkeit bieten, einen Beruf zu erlernen.

1697 Im Frieden von Ryswyk muß Frankreich die im Osten besetzten Gebiete wieder abtreten. Ludwig XIV. hat seine Ansprüche überspannt.
Es bahnt sich ein Umschwung der Machtverhältnisse in Europa an.

Prinz Eugen von Savoyen tritt in die Dienste Kaiser Leopolds I. Als ausgezeichneter Heeresorganisator, Feldherr und Staatsmann stellt er durch seine Siege das Ansehen Österreichs in Europa wieder her. Er läßt sich 1714–1724 das Schloß Belvedere in Wien von Johann Lukas von Hildebrandt (1668–1745) zur Residenz ausbauen, wo er 1736 stirbt.

Kurfürst August II. von Sachsen tritt zum Katholizismus über und wird König von Polen (bis 1733).

1697–1718 Karl XII., König von Schweden. Er versucht, Schwedens Großmachtstellung zu erneuern (s. Nordischer Krieg, S. 129), scheitert aber an der Übermacht seiner Gegner. 1703 erobert er Polen, läßt Stanislaus Leszczynski (1704 bis 1709) zum König wählen (gegen August II. von Sachsen, s. 1697). 1718 fällt Karl XII. bei der Belagerung von Frederikshall.

Porzellanmanufaktur

1699 Ende der Türkenkriege. Im Frieden von Karlowitz müssen die Türken an Österreich den Rest Ungarns, Siebenbürgen, Slawonien und Kroatien abtreten. Polen erhält die Ukraine, Rußland Asow und damit den Zugang zum Schwarzen Meer.

1700 Der letzte Habsburger auf dem Thron Spaniens, Karl II., stirbt kinderlos. Er vermacht testamentarisch das Land Philipp von Anjou.

Berliner Akademie

In Berlin wird die Gesellschaft der Wissenschaft nach dem Plan des deutschen Philosophen Gottfried Wilhelm Leibniz gegründet (seit 1744 Preußische Akademie der Wissenschaften genannt).
Leibniz (1646—1716) bemüht sich in seinen Werken, das empirische Denken mit dem christlichen Weltbild in Einklang zu bringen. Die von Gott geschaffene Welt erscheint ihm als die beste aller möglichen Welten.

1700—1721 Nordischer Krieg. Zar Peter I. von Rußland verbündet sich mit den Königen von Dänemark und Polen, um die schwedische Vorherrschaft im Ostseeraum zu brechen. Karl XII. von Schweden wehrt sich erfolgreich, wird aber 1709 bei Poltawa vom Zaren vernichtend geschlagen. Er flieht zu den Türken, die er zum Krieg gegen Rußland zu überreden sucht. Als 1714 auch England-Hannover und Preußen nach Beendigung des Spanischen Erbfolgekrieges (s. 1701—1714) in den Kampf gegen Schweden eingreifen, kehrt Karl nach Norden zurück, kann aber gegen die Überzahl der Feinde nichts ausrichten.

Gottfried Wilhelm Leibniz

1701 Kurfürst Friedrich III. von Brandenburg krönt sich mit Zustimmung des Kaisers zum König in Preußen (als Friedrich I.).

1701—1714 Spanischer Erbfolgekrieg. Die österreichischen Habsburger erheben Ansprüche auf spanische Besitzungen. Sie gewinnen die Unterstützung König Wilhelms III. von England. Auf spanischer Seite kämpfen Ludwig XIV. und Bayern. Der österreichische Heerführer, Prinz Eugen, und der englische Feldmarschall, Herzog von Marlborough, zeigen sich in vielen Schlachten ihren französischen und spanischen Gegnern überlegen.

1702 Tod Wilhelms III. von Oranien. Die Niederländer verzichten erneut auf eine Neubesetzung der Statthalterwürde. In England folgt Königin Anna, eine Tochter Jakobs II. (bis 1714).

Der Herzog von Marlborough

1705 Nach dem Tode Kaiser Leopolds I. nimmt sein ältester Sohn Josef I. die Kaiserwürde an, der zweite Sohn Karl beansprucht den spanischen Thron.

Die erste Ölbeleuchtung erhellt in einigen Städten Deutschlands Marktplätze und Hauptstraßen.

1707 Der Alchemist Johann Friedrich Böttger (1682—1719) erfindet bei Versuchen, Gold zu gewinnen, das Porzellan. Drei Jahre später entsteht die von ihm geleitete Meißner Porzellanmanufaktur.

Erste Ölbeleuchtung

links: Friedrich I., der erste König von Preußen (1701—1713). Der Sohn des „Großen Kurfürsten", der 1688 seinem Vater in der Regierung folgte, erhielt für seine Unterstützung des Kaisers im Kampf gegen die Türken und Franzosen die Königswürde (s. 1701).

unten: Die Schlacht von Poltawa, in der Zar Peter d. Gr. seinen Gegner Karl XII. von Schweden besiegte (s. 1700—1721); zeitgenössischer Stich. Als das feindliche Heer in das Land einfiel, wandte der Zar eine typisch russische Taktik an: Er ließ Karl immer weiter vordringen, entfernte ihn dadurch von seiner Nachschub- und Versorgungsbasis und zwang ihn dann in der für die Schweden ungünstigsten Stellung zur Schlacht.

Winterpalais in Leningrad, 1755—1762 entstanden.

Schloß Peterhof in Leningrad, um 1750 erbaut.

РАСКОЛЬНІКЪ ГОВОРИТЪ
СЛУШАІ ЦЫРЮЛЬНИКЬ
Я БОРОДЫ СТРИЧЬ НЕ
ХОЧУ ВОТЪ ГЛЕДИ Я НА
ТЕБЯ СКОРО КАРАУЛЪ ЗАКРЮ

ЦЫРЮЛЬНІЙКЪ ХО
ЧЕТЪ РАСКОЛЬНІКУ
БОРОДУ СТРИЧЬ.

Peter d. Gr. suchte mit allen Mitteln aus Rußland einen modernen Staat zu machen. Dabei scheute er nicht vor oft eigenwilligen Maßnahmen zurück. Um die Bürger zu zwingen, sich nach der europäischen Mode zu rasieren, ließ er in den Straßen Polizisten als Aufpasser aufstellen.

oben: Die zeitgenössische Karikatur zeigt den Zaren, wie er einem Bojaren den Bart abschneidet.

Das englische Parlament

Москва	Moskau
Киев	Kiew
Одесса	Odessa
Тифлис	Tiflis

Kyrillische Schrift

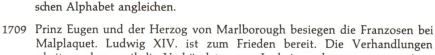

Barockkirche in Sizilien

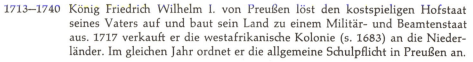

Gibraltar

Negersklaven werden verladen

1708 Peter der Große läßt die kyrillische Schrift vereinfachen und dem lateinischen Alphabet angleichen.

1709 Prinz Eugen und der Herzog von Marlborough besiegen die Franzosen bei Malplaquet. Ludwig XIV. ist zum Frieden bereit. Die Verhandlungen scheitern aber, weil die Verbündeten von Ludwig verlangen, gegen seinen Enkel Philipp von Anjou Waffenhilfe zu leisten.

1710 Bei den Parlamentswahlen in England siegen die zum Frieden neigenden Tories; Marlborough wird 1711 zurückgerufen.

1711 Tod Kaiser Josefs I. Sein Bruder Karl, der spanische Thronkandidat, wird deutscher Kaiser (bis 1740). Diese Verschiebung im „Gleichgewicht der Kräfte" in Europa veranlaßt die Engländer, neue Friedensverhandlungen mit den Franzosen in die Wege zu leiten.

1713 Friede zu Utrecht zwischen England, Preußen und Frankreich. Philipp von Anjou wird als König von Spanien anerkannt. Dafür erhält England Neuseeland, Neuschottland, die Hudsonbay, Gibraltar und Menorca. An Stelle Frankreichs übernimmt es das Monopol für den einträglichen Negersklaventransport nach den spanischen Kolonien Südamerikas. Preußen bekommt Neuenburg und Geldern. Der Herzog von Savoyen wird König von Sizilien. Die Niederländer schließen sich dem Friedensvertrag an und werden durch einige Festungen der spanischen Niederlande entschädigt.

1713—1740 König Friedrich Wilhelm I. von Preußen löst den kostspieligen Hofstaat seines Vaters auf und baut sein Land zu einem Militär- und Beamtenstaat aus. 1717 verkauft er die westafrikanische Kolonie (s. 1683) an die Niederländer. Im gleichen Jahr ordnet er die allgemeine Schulpflicht in Preußen an.

1714 Friede zu Rastatt. Kaiser Karl VI. erkennt die Utrechter Abmachungen an und erhält die spanischen Niederlande sowie spanische Besitzungen in Italien. In der „Pragmatischen Sanktion" bestimmt er, daß die habsburgischen Länder nicht geteilt werden dürfen und seine Tochter Maria Theresia ihm auf dem Thron folgen soll.

1714—1727 Kurfürst Georg I. von Hannover wird aufgrund der englischen Thronfolgeordnung König von England. Die Personalunion zwischen England und Hannover besteht bis 1837. Das Haus Hannover regiert in England bis 1901.

1714—1718 Neue Kämpfe der Türken gegen Venedig und (seit 1716) gegen Österreich. Prinz Eugen erobert 1717 Belgrad und sichert endgültig Österreichs Vormacht auf dem Balkan.

1715—1774 Ludwig XV., Urenkel Ludwigs XIV., König von Frankreich. Von 1726—1743 leitet der Kardinal Fleury für ihn umsichtig die Geschicke des Staates. Dann aber schaden außenpolitische Mißerfolge gegen Preußen und England (s. 1763) sowie die Mätressenwirtschaft der Pompadour und Dubarry dem Ansehen des Königtums.

Englische Gartenlandschaft

1717 Die „Freimaurer" gründen ihre erste Niederlassung („Loge") in London. Ihr Ziel ist es, die Menschen ungeachtet ihrer religiösen, nationalen und ständischen Zugehörigkeit zu brüderlicher Eintracht, gegenseitiger Achtung und Hilfsbereitschaft zu erziehen.

Der schottische Finanztheoretiker John Law (1671—1729) eröffnet in Paris eine Staatsbank, die zum erstenmal Geldscheine als Zahlungsmittel ausgibt. Als Deckung genügen ihm die Aktien einer ebenfalls von ihm gegründeten Handelsgesellschaft, der die Ausbeutung der neuen französischen Kolonien in Nordamerika übertragen ist. Wilde Spekulationen mit den Aktien führen anfangs zu hohen Gewinnen, 1720 aber zum Bankrott der Bank.

New Orleans

1718 Friede von Passarowitz zwischen Österreich, Venedig und der Türkei. Die Türken überlassen Österreich das Banat, Serbien und die Kleine Walachei.

New Orleans von den Franzosen in Louisiana gegründet.

1719 Der englische Schriftsteller Daniel Defoe (1660—1731) schreibt „Die Abenteuer des Robinson Crusoe". Sie werden in kurzer Zeit weltberühmt.

Georg Friedrich Händel (1685—1759) übernimmt die musikalische Leitung der Königlichen Oper in London. Er komponiert zahlreiche Opern und Oratorien, die volkstümliche Einfachheit mit prunkvoller Kunstfertigkeit harmonisch verbinden.

„Robinson Crusoe"

um 1720 Der parkartige englische Gartenstil kommt in Mode; er verdrängt die kunstvoll zurechtgeschnittenen französischen „Teppichgärten" (Bild S. 120).

1721 Der Friede von Nystad beendet den seit Karls XII. Tod schon zum Stillstand gekommenen Nordischen Krieg (s. S. 129). Schweden muß seine Ostseeprovinzen an Rußland abtreten, Teile Vorpommerns und Stettin an Preußen, Bremen und Verden an Hannover.

Peter I. nimmt den Titel „Kaiser aller Reussen" an.

1722 Rußland erobert in einem Krieg gegen Persien Baku und Nordpersien.

Graf Nikolaus Ludwig von Zinzendorf (1700—1760) nimmt vertriebene „Mährische Brüder" (Sondergemeinschaft der Hussiten, s. 1419) auf seinem Gut in der Oberlausitz auf und gründet mit ihnen die Herrnhuter Brüdergemeine. Sie zeichnet sich durch gefühlsbetonte Frömmigkeit aus und widmet sich vor allem der Erziehung junger Menschen sowie der Mission.

Georg Friedrich Händel

1723 Johann Sebastian Bach (1685—1750), früher Weimarer Hoforganist, dann Hofmusikdirektor in Köthen, wird als Thomaskantor nach Leipzig berufen. Er ist der größte Orgelvirtuose seiner Zeit, Schöpfer mehrerer Oratorien, unvergänglicher Orgel-, Klavier-, Violinkompositionen und Lieder. Sein Schaffen bedeutet einen Höhepunkt barocker Vielstimmigkeit.

Johann Sebastian Bach

links: Kammermusik; Gemälde eines unbekannten Meisters aus dem 18. Jahrhundert. Die „Kammermusik" (im Gegensatz zur Theater- und Kirchenmusik) erhielt ihren Namen von der Aufführung der Musikstücke und Konzerte in den Privatgemächern (camera) der fürstlichen Höfe und des Adels.

unten links: Mutmaßliches Bildnis des venezianischen Komponisten Antonio Vivaldi (um 1680—1743), der mit seinen Solo-Violinkonzerten Einfluß auf Johann Sebastian Bach (s. 1723) ausübte.

rechts: Portugiesischer Kolonialsoldat; afrikanische Bronzestatuette aus dem 18. Jahrhundert.

oben: König Ludwig XV. von Frankreich (s. 1715 bis 1774) begibt sich auf die Jagd in den Wald von Compiègne; Ausschnitt aus einem zeitgenössischen Wandteppich.

unten: Eine Hauptertragsquelle der Staaten, die Kolonien in Afrika besaßen, war der Handel mit Sklaven, die man vor allem für die Bewirtschaftung der amerikanischen Plantagen brauchte. Das Bild zeigt das Beladungsschema für ein Sklaven-Transportschiff. Daß unter diesen Bedingungen die Hälfte der Sklaven während der Fahrt starb, war für die Sklavenhändler ohne Bedeutung: die Einnahmen, die sie mit den Überlebenden erzielten, deckten ihre Kosten reichlich.

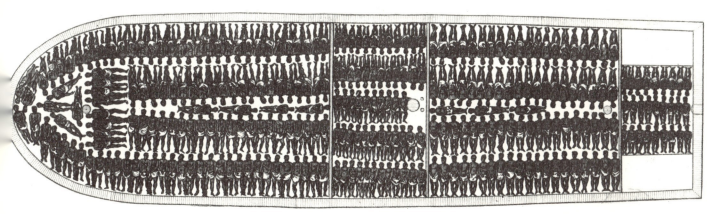

Bering in der Beringstraße

Antony van Leeuwenhoek

„Gullivers Reisen"

Carl von Linné

Rokokoportal

1723   Tod des niederländischen Naturforschers Antony van Leeuwenhoek (geb. 1632). Er entdeckte mit selbstgefertigten Mikroskopen u. a. Bakterien, Blutkörperchen und die Querstreifung der Muskeln.

1725—1727   In Rußland folgt auf Peter den Großen seine Gemahlin Katharina I., die das Werk der Europäisierung des Landes fortsetzt.

1726   „Gullivers Reisen ins Liliputanerreich" erscheinen. Der anglikanische Geistliche Jonathan Swift (1667—1745) übt in diesem Buch in Form einer Satire Kritik an der Überheblichkeit der Menschen.

1728   Der Däne Vitus Bering (1680—1741) umsegelt in russischem Auftrag die Nordostküste Asiens und durchfährt die nach ihm benannte Meerenge zwischen Asien und Amerika. Seine Reise widerlegt die bis dahin herrschende Annahme, daß die beiden Kontinente zusammenhängen.

um 1730   Der Erzbischof von Salzburg weist 20 000 Lutheraner aus. Ein großer Teil von ihnen siedelt sich in Preußen an.

Zeitalter der „Aufklärung". Unter dem Einfluß englischer und französischer Philosophen verbreitet sich in Europa die Auffassung, daß allein die Vernunft die Handlungsweise des Menschen bestimmen solle. Die Vermehrung des Wissens bedeute Fortschritt, mache die Menschen frei und glücklich. Der Offenbarungsglaube wird abgelehnt, das Naturrecht gewinnt an Bedeutung. Die neue Geistesbewegung ruft einen tiefgreifenden Wandel im religiösen, politischen, wirtschaftlichen Leben hervor.

Auf künstlerischem Gebiet werden die leichten, verspielten Formen des Rokoko vorherrschend. Sie finden sich besonders bei der Verzierung von Innenräumen, an Möbeln, Porzellanfiguren (s. Bild S. 140).

1733—1735   Polnischer Erbfolgekrieg. Nach dem Tode Augusts des Starken kämpfen dessen Sohn und der zeitweilige Gegenkönig Stanislaus Leszczynski um die Anerkennung ihrer Ansprüche auf den Thron. Rußland und Österreich stehen auf der Seite des sächsischen Kandidaten, August III., Frankreich unterstützt Stanislaus.

Der Friede zu Wien bestätigt die sächsische Erbfolge und die Pragmatische Sanktion für Österreich; Stanislaus Leszczynski erhält das habsburgische Lothringen, wofür Erzherzog Franz Stephan die Toskana eintauscht.

1735   Der schwedische Naturforscher Carl von Linné (1707—1778) entwickelt sein biologisches Ordnungssystem.

1735—1739   Krieg zwischen der Türkei und Rußland, das mit Österreich verbündet ist. Der für Österreich unglückliche Verlauf führt zum Frieden von Belgrad, in dem Österreich alle Erwerbungen bis auf das Banat wieder an die Türkei abtreten muß.

136

Stift Melk an der Donau

1736   Das Benediktinerstift Melk, erbaut von Jakob Prandtauer (1660—1726), ein Meisterwerk süddeutscher Barockkunst, wird nach 35jähriger Bauzeit fertiggestellt.

1736—1796   Das chinesische Reich erlangt unter dem Mandschu-Kaiser Kien-Lung seine größte Ausdehnung. Außer China unterstehen dem Kaiser die Mandschurei, Korea, die Mongolei, Tibet, Burma und Nepal.

1737   Erste Freimaurerloge in Deutschland (Hamburg).

1738   Die Methodisten- (Erweckungs-) Bewegung entsteht in England durch die Predigten John Wesleys (1703—1791).

Freimaurer

1740—1786   König Friedrich II. von Preußen übernimmt von seinem Vater ein gut geordnetes Staatswesen und ein schlagkräftiges Heer. Er steht der Aufklärung und der französischen Kultur nahe. Zu seinen ersten Maßnahmen nach der Thronbesteigung gehört die Abschaffung der Folter.

1740—1780   In Österreich folgt aufgrund der Pragmatischen Sanktion Maria Theresia als Königin (s. 1714).

1740—1742   Schlesischer Krieg. Friedrich II. von Preußen fällt aufgrund fadenscheiniger Rechtsansprüche in die österreichische Provinz Schlesien ein und besetzt sie.

1740—1748   Österreichischer Erbfolgekrieg. Kurfürst Karl Albert von Bayern erhebt Ansprüche auf die habsburgischen Länder und erkennt Maria Theresia als Thronerbin nicht an. Er wird unterstützt von Frankreich und Sachsen sowie durch den preußischen Einmarsch in Schlesien. Österreich verbündet sich mit England.

Maria Theresia

1741   Der Schweizer Mathematiker Leonhard Euler (1707—1783) wird von König Friedrich II. in die Berliner Gesellschaft der Wissenschaft berufen. Euler veröffentlicht Untersuchungen zur Integral- und Vektorrechnung u. a. m.; er ist der Begründer der modernen Mathematik.

1741—1762   Die Zarin Elisabeth, die jüngste Tochter Peters des Großen, überläßt die Regierung in Rußland ihren Ratgebern. Sie bestimmt ihren Neffen Peter von Holstein-Gottorp zum Nachfolger.

Friedrich II.

1742   Kurfürst Karl Albert von Bayern wird als Karl VII. zum deutschen Kaiser gewählt.

Der Amerikaner Benjamin Franklin (1706—1790) leitet mittels eines Papierdrachens aus einer Gewitterwolke Elektrizität ab.

Der schwedische Astronom Anders Celsius (1701—1744) führt die Thermometerskala mit 100° ein.

Franklins Drachenversuch

1744—1745   Militärische Erfolge Österreichs gegen Frankreich und Bayern bewegen Friedrich II. zum Einfall in Böhmen.

1745   Friede zu Dresden: Nach dem Tode Karls VII. erkennt Preußen den Gemahl Maria Theresias, Franz Stephan, als deutschen Kaiser Franz I. an (1745—1765). Friedrich II. erhält dafür den Besitz Schlesiens bestätigt.

rechte Seite: Szenen aus dem täglichen Leben des 18. Jahrhunderts.
innen: Kartenspiel, von einem unbekannten Maler des 18. Jahrhunderts.
außen: Vorstellung im Theater (Ausschnitt) von G. P. Pannini.

oben: Zwei Sänften im Rokokostil, links eine neapolitanische, rechts eine römische.

rechts: Innenraum des königlichen Schlosses in Turin mit Chinoiserien, ein Werk des italienischen Architekten Filippo Juvara (1676—1736).

Im Verlauf des 18. Jahrhunderts beginnt der Aufschwung der Industrie, der Übergang vom Handwerksbetrieb zum Fabrikunternehmen. Der Bildausschnitt links zeigt eine Gruppe von fahrenden französischen Gießergesellen bei der Arbeit.

Kolorierter Stich aus dem 18. Jahrhundert, das Uhrmachergewerbe
darstellend. Die Technik, die noch
heute die Grundlage für die Herstellung von Uhren ist, wurde am
Hofe des Sonnenkönigs durch
Huygens entwickelt, der Galileis
Untersuchungen über die Pendel-
schwingungen wieder aufnahm.

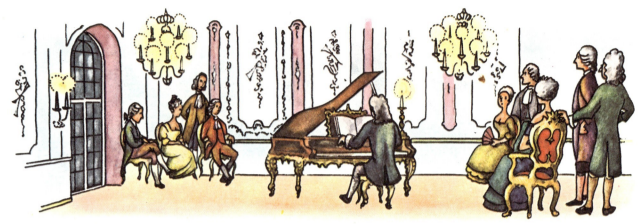

Hofkonzert zur Rokokozeit

Voltaire

Szene aus Rousseaus „Emile"

Die Würzburger Residenz

Rokokofiguren

1746 In Indien und Nordamerika beginnen Kämpfe zwischen Franzosen und Engländern um den Kolonialbesitz.

1748 Charles Louis de Montesquieu (1689–1755), französischer Schriftsteller und Rechtsphilosoph, veröffentlicht sein Buch „Vom Geist der Gesetze". Er fordert darin die Gewaltenteilung zwischen Volk und Herrscher nach englischem Vorbild. Die Gesetzgebung solle vom Volk ausgehen, die Ausführung der Gesetze der Herrscher übernehmen. Ein unabhängiger Richterstand müsse für die Einhaltung des Rechtes sorgen.

Der Friede zu Aachen beendet den Österreichischen Erbfolgekrieg (s. S. 137). Bayern und Frankreich anerkennen Franz I. als Kaiser und die Thronfolge Maria Theresias in Österreich. Die Franzosen geben die nordamerikanischen Eroberungen an die Engländer zurück und verzichten auf Indien.

1749 Johann Wolfgang von Goethe wird am 28. August in Frankfurt am Main geboren.

1750 In Deutschland wird eine regelmäßige Personenpost eingerichtet.

um 1750 Höhepunkt der „Aufklärung" (s. um 1730). Ihr Haupt, der französische Philosoph Voltaire (eigentlich: François d'Arouet, 1694–1778) kämpft in seinen Schriften für religiöse Toleranz, Freiheit und Gleichheit der Menschen.

Die Franzosen Denis Diderot (1713–1784) und Jean d'Alembert (1717 bis 1783) beginnen 1751, die 33 Bände umfassende Enzyklopädie zu veröffentlichen, in der alle Gebiete des menschlichen Lebens nach dem damaligen Wissensstand systematisch dargestellt werden.

Der Schweizer Jean-Jacques Rousseau (1712–1778) übt mit seinem „Gesellschaftsvertrag", der 1762 erscheint, die nachhaltigste Wirkung aus. Er vertritt in diesem Buch die Auffassung, daß der Staat durch einen Vertrag zustande gekommen sei, den die Menschen zu gegenseitigem Schutz miteinander schließen. Sie übertragen dabei alle persönlichen Rechte der Gesamtheit. Rousseau ist der wichtigste Wegbahner der Idee der Volkssouveränität in der Neuzeit. In weiteren Schriften (u. a. „Emile") fordert er die Abkehr von der erkünstelten Kultur und Hinwendung zu einer natürlichen, ursprünglichen Lebensweise. Er ist überzeugt, daß der Mensch von Natur aus gut ist.

In England entwickelt Adam Smith (1723–1790) seine Lehre von der freien Wirtschaft. Quelle und Wertmaßstab des staatlichen Wohlstandes sei die Arbeit seiner Bürger. Der freie Wettbewerb führe von sich aus zu einer harmonischen Wirtschafts- und Sozialordnung. Der Staat dürfe nur bei offensichtlichen Ungerechtigkeiten eingreifen.

1750–1753 Giovanni Battista Tiepolo (1696–1770) malt die Fresken im Treppenhaus und Kaisersaal der von Johann Balthasar Neumann (1687–1753) erbauten Würzburger Residenz.

1751 Das Hinterladergewehr wird erfunden.

1752 Benjamin Franklin (s. 1742) erfindet den Blitzableiter.

Die Engländer in Indien

1754 In New York wird die Columbia-Universität gegründet.

1755 In Moskau gründet Zarin Elisabeth die erste russische Universität. An ihr wirkt Michael Lomonossow (1711—1765), der die erste russische Grammatik erarbeitet und als „Vater der russischen Schriftsprache" gilt.

Ein Erdbeben zerstört Lissabon; 30 000 Menschen kommen ums Leben.

Neugruppierung der Mächte Europas: Österreich verbündet sich mit Frankreich und Rußland gegen Preußen. In der Westminster-Konvention von 1756 sichert sich Friedrich II. die Neutralität Englands.

Ausbruch eines neuen englisch-französischen Krieges in Nordamerika und Indien.

1756—1763 Siebenjähriger Krieg: Preußen kämpft mit wechselndem Erfolg gegen Österreich, Rußland, Frankreich, Schweden und das Reich. England unter Führung von William Pitt d. Ä. unterstützt Preußen mit Hilfsgeldern.

1757 Die Engländer unter Robert Clive besiegen in der Schlacht von Plassey den Nabob von Bengalen.

1759 Schwere Niederlage Friedrichs II. bei Kunersdorf; von nun an führt Preußen den Krieg nur noch defensiv.

Sieg der Engländer über die Franzosen bei Quebec.

Friedrich Schiller am 10. November in Marbach geboren.

1760—1820 Georg III. König von England. Der Thronwechsel führt zum Rücktritt des preußenfreundlichen Ministers Pitt.

1761 England erobert die letzten französischen Stützpunkte in Indien.

Joseph Haydn (1732—1809) wird Kapellmeister des Fürsten Esterházy. Seine bedeutendsten Werke sind Sinfonien, Streichquartette und Oratorien. Er ist der Lehrer Beethovens (s. 1804).

1762 Nach dem Tod der Zarin Elisabeth schließt Zar Peter III. von Rußland Frieden mit Friedrich II. von Preußen.

1762—1796 In Rußland übernimmt nach der Ermordung Peters III. seine Gemahlin, die Zarin Katharina II., die Regierung. Planvoll, aber oft mit rücksichtsloser Härte, führt sie ihre Reformen durch: Verbesserung des Gerichtswesens, Förderung der Landwirtschaft, Ansiedlung deutscher Kolonisten.

1763 Der Friede zu Paris beendet den englisch-französischen Kolonialkrieg. England erhält Kanada und einen Teil Louisianas von Frankreich, dazu Florida von Spanien.

Der Friede zu Hubertusburg regelt die Streitfälle zwischen Preußen, Sachsen und Österreich. Preußen behauptet den Besitz Schlesiens. Es rückt damit in die Reihe der europäischen Großmächte auf.

Die Columbia-Universität

Die Universität in Moskau

Joseph Haydn

Katharina II.

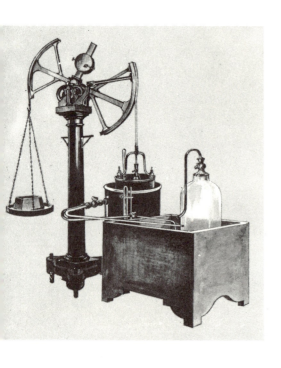

Mit Hilfe verfeinerter technischer Apparate machen die Naturwissenschaften im 18. Jahrhundert gewaltige Fortschritte.

links: Waage zum Messen des Gasgewichtes aus dem Laboratorium des französischen Chemikers Antoine Laurent Lavoisier (1743—1794).

oben: Die Enzyklopädisten (s. um 1750) während einer Sitzung. Am Tisch mit erhobener Hand Voltaire, zu seiner Linken Diderot, der zusammen mit d'Alembert die Enzyklopädie herausgab; sie war ein wirksames Instrument, um die neuen Ideen der Aufklärung zu verbreiten.

links: Benjamin Franklin (s. 1742, 1752); Stich von G. Gallina. Er war als Schriftsteller, Staatsmann, Diplomat und Wissenschaftler einer der bedeutendsten Vorkämpfer für die amerikanische Unabhängigkeit.

rechte Seite: Die Engländer unter Admiral Hawke versenken das französische Schiff „Theseus"; Szene aus dem Siebenjährigen Krieg (s. 1756—1763), der nicht nur in Europa, sondern auch in Übersee wichtige Veränderungen brachte.

rechts: Jean-Jacques Rousseau, der schweizerische Philosoph, dessen Ideen von der Volkssouveränität und der Erziehung des Menschen gemäß seiner natürlichen guten Anlagen von nachhaltiger Wirkung auf das europäische Geistesleben waren (s. „Aufklärung", um 1750); Pastellbild von Quentin de La Tour.

Ausgrabungen in Italien

Der junge Mozart

Das Pantheon in Paris

Watts Dampfmaschine

Cook in der Südsee

nach 1763 Friedrich II. führt in Preußen ein Reformprogramm durch: Handel und Gewerbe werden gefördert, Kanäle und Straßen gebaut, Wälder gerodet und Moore kultiviert. Neue Dorfsiedlungen entstehen. Verbot des Bauernlegens, Beginn der Justizreform.

Wolfgang Amadeus Mozart (1756—1791), neben Josef Haydn (s. 1761) der bedeutendste Komponist seiner Zeit, erregt durch seine Virtuosität bereits als Kind größte Aufmerksamkeit.

1764 Der deutsche Archäologe Johann Joachim Winckelmann (1717—1768) veröffentlicht „Die Geschichte der Kunst des Altertums". Seine Auffassung von der Antike erlangte große Bedeutung für die deutsche Klassik.

Der Bau des Pantheons in Paris beginnt. Dieses bedeutende Werk der französischen Klassik wird 1790 vollendet.

1765 Königin Maria Theresia ernennt nach dem Tode ihres Gatten Franz I. ihren Sohn Joseph zum Mitregenten. Er herrscht als Kaiser bis 1790. Maria Theresia veranlaßt bedeutende Reformen in der inneren Verwaltung ihres Reiches. Sie gilt als Gründerin der österreichischen Volksschule.

1766 Gotthold Ephraim Lessing (1729—1781), deutscher Dichter und Kritiker, veröffentlicht sein grundlegendes ästhetisches Werk „Laokoon". Er ist Wegbereiter einer neuen deutschen Literatur. In seinen Dramen kämpft er gegen Fürstenwillkür und für Toleranz und Humanität.

1768 Der Engländer James Cook (1728—1779) startet zur ersten seiner drei Weltumsegelungen. Von diesen Fahrten bringt er nicht nur eine Fülle wissenschaftlicher Forschungsergebnisse zurück, sondern es gelingt ihm auch, weite Gebiete (u. a. Australien) für die englische Krone zu erwerben.

Korsika wird französisch.

1769 Napoleon Bonaparte auf Korsika geboren.

Der englische Ingenieur James Watt (1736—1819) läßt seine Dampfmaschine patentieren. Die Verwendung der neuen Antriebskraft führt allmählich zur Umgestaltung der gesamten Wirtschafts- und Gesellschaftsordnung, zur sogenannten „industriellen Revolution".

1770 Griechischer Aufstand gegen die Türken. Rußland erobert die Dobrudscha und die Krim und übernimmt den Schutz der Christen in der Türkei.

um 1770 In Deutschland lehnt sich die junge Dichtergeneration (u. a. J. W. v. Goethe, 1749—1832, Jakob Michael Lenz, 1751—1792, Friedrich Maximilian Klinger, 1752—1831) in der „Sturm-und-Drang"-Bewegung gegen Aufklärung und erstarrte Konventionen auf.

1771—1792 König Gustav III. von Schweden beschränkt durch einen Staatsstreich die Macht des Adels. Erfolglose Kriege gegen Rußland und kostspielige Prunksucht stärken die Opposition gegen ihn.

George Washington überquert den Delaware

1772 Erste Teilung Polens auf Betreiben der Zarin Katharina II. Rußland erhält die polnischen Ostgebiete, Galizien fällt an Österreich, Westpreußen an Preußen.

1773 Englische Kolonisten in Nordamerika protestieren gegen die hohe Besteuerung durch das Mutterland. Im „Bostoner Teesturm" werfen sie eine Teeladung über Bord, die trotz des Boykotts englischer Waren in Boston entladen werden sollte.

Der Bostoner Teesturm

1774 Goethes Briefroman „Die Leiden des jungen Werthers" erlangt in kurzer Zeit europäischen Erfolg.

In Frankreich kommt Ludwig XVI. zur Regierung. Er versucht mit geringem Erfolg, die Mißstände in dem verschuldeten Land zu beheben und den Staatsbankrott abzuwenden.

Die 13 englischen Kolonien in Nordamerika fordern ein selbständiges Parlament und eine eigene Verwaltung, die nur dem englischen König verantwortlich sind. — Zusammenstöße der Kolonisten mit englischen Truppen.

„Werthers Leiden"

1775—1783 Nordamerikanischer Unabhängigkeitskrieg. George Washington (1732 bis 1799) wird zum Oberbefehlshaber der amerikanischen Truppen ernannt.

1776 Am 4. Juli erklären sich die 13 englischen Kolonien auf einem Kongreß in Philadelphia zu unabhängigen Vereinigten Staaten.

1778 Die Amerikaner schließen ein Bündnis mit Frankreich und Spanien. Europäische Freiwillige, u. a. der preußische General Steuben und der Franzose Lafayette, kämpfen auf amerikanischer Seite.

1780 Tod Maria Theresias. — Kaiser Joseph II. (s. 1765) leitet weitere Reformen in Österreich ein: u. a. Aufhebung der Leibeigenschaft, Säkularisierung des Kirchengutes, Zentralisierung von Verwaltung und Heer. Die meisten der überstürzt getroffenen Maßnahmen müssen von den Nachfolgern wieder rückgängig gemacht werden.

Immanuel Kant

1781 Die Kapitulation englischer Truppen bei Yorktown entscheidet den amerikanischen Unabhängigkeitskrieg (s. 1775—1783).

Der deutsche Philosoph Immanuel Kant (1724—1804) veröffentlicht die „Kritik der reinen Vernunft". Er zeigt die Grenzen der menschlichen Erkenntnisfähigkeit auf und deutet die Freiheit als freiwillige Unterwerfung unter das sittliche Gesetz.

1783 Friede zu Versailles: Die 13 Vereinigten Staaten von Amerika (USA) werden als unabhängig anerkannt.

Die Brüder Jacques-Etienne und Joseph-Michael Montgolfier (1745—1799, 1740—1810) lassen den ersten mit Heißluft gefüllten Ballon, eine Montgolfière, aufsteigen.

1785 Der deutsche Fürstenbund unter Führung Friedrichs II. von Preußen vereitelt einen von Joseph II. beabsichtigten Ländertausch zwischen Habsburg und den pfälzischen Wittelsbachern.

Montgolfière

rechte Seite oben: Das Blutbad von Boston vom 5. März 1770: Englische Soldaten schießen auf amerikanische Bürger, die sich gegen die Auferlegung neuer Steuern durch das britische Parlament aufgelehnt hatten; Stich von Paul Revere aus der Zeit der Unruhen vor dem Unabhängigkeitskampf.

rechte Seite unten: Der englische Weltumsegler James Cook (s. 1768) landet in Amanooka, wo ihn Eingeborene freundschaftlich empfangen.

oben: Mephisto klopft an die Türe von Faust; Illustration zum „Faust" von Johann Wolfgang von Goethe (s. um 1804). Faust (s. 1587) wird zum Symbol für das unersättliche Streben des Menschen nach Wissen und Erfahrung.

rechts: George Washington, Oberbefehlshaber der amerikanischen Streitkräfte im Unabhängigkeitskrieg und erster Präsident der Vereinigten Staaten Amerikas (s. 1775—1783, 1789); Porträt von Charles Wilson Peale. Schon in jungen Jahren hatte sich Washington als Befehlshaber der Miliz von Virginia während des Siebenjährigen Krieges (s. 1756—1763) einen Namen gemacht.

The BLOODY MASSACRE perpetrated in King—ſt Street BOSTON on March 5th 1770 by a party of the 29th REG.t

Unhappy Boſton! ſee thy Sons deplore,
Thy hallow'd Walks beſmear'd with guiltleſs Gore:
While faithleſs P——n and his ſavage Bands,
With murd'rous Rancour ſtretch their bloody Hands;
Like fierce Barbarians grinning o'er their Prey,
Approve the Carnage, and enjoy the Day.

If ſcalding drops from Rage from Anguiſh Wrung,
If ſpeechleſs Sorrows lab'ring for a Tongue,
Or if a weeping World can ought appeaſe
The plaintive Ghoſts of Victims ſuch as theſe:
The Patriot's copious Tears for each are ſhed,
A glorious Tribute which embalms the Dead.

But know, Fate ſummons to that awful Goal,
Where Juſtice ſtrips the Murd'rer of his Soul
Should venal C——ts the ſcandal of the Land
Snatch the relentleſs Villain from her Hand,
Keen Execrations on this Plate inſcrib'd,
Shall reach a Judge who never can be brib'd

The unhappy Sufferers were Meſſ.rs Sam.l Gray, Sam.l Maverick, Jam.s Caldwell, Crispus Attucks & Pat.k Carr
Killed. Six wounded; two of them (Chriſt.r Monk & John Clark) Mortally

Engrav'd Printed & Sold by PAUL REVERE BOSTON

Sturm auf die Bastille

Goethe in Italien

Verhaftung Ludwigs XVI.

Jakobiner

Das Brandenburger Tor

1785 Der Engländer Edmund Cartwright (1743–1823) konstruiert den ersten brauchbaren mechanischen Webstuhl.

1786–1788 Goethe unternimmt die für seine Dichtung bedeutsame Reise nach Italien.

1787 Die nordamerikanische Bundesversammlung beschließt die Verfassung der Vereinigten Staaten von Amerika, die 1789 in Kraft tritt.

1789 George Washington wird erster Präsident der Vereinigten Staaten, 1793 für weitere 4 Jahre wiedergewählt.

In Frankreich zwingt die Staatsverschuldung König Ludwig XVI. (1774 bis 1792), die Generalstände einzuberufen. Der Dritte Stand (die Bürger) verlangt auch politische Beratungen. Seine Vertreter erklären sich am 17. Juni zur Nationalversammlung des französischen Volkes und geloben, eine Verfassung auszuarbeiten. Die anderen Stände (Geistlichkeit und Adel) schließen sich ihnen an.

Ausbruch der offenen Revolution: Am 14. Juli erstürmt eine Volksmenge die Bastille, das Staatsgefängnis. Bauernaufstände breiten sich in allen Teilen Frankreichs aus. Die Staatsgewalt bricht zusammen.
4. August: Geistlichkeit und Adel verzichten auf ihre Vorrechte.
26. August: Erklärung der Menschenrechte.
5. Oktober: König und Nationalversammlung werden von der Bevölkerung gezwungen, nach Paris zu übersiedeln. Damit geraten sie unter den Einfluß der radikalen Massen. — Das Kirchengut wird verstaatlicht; man versucht durch seinen Verkauf die Staatsschulden zu decken.

1791 Erfolgloser Fluchtversuch Ludwigs XVI. — Die Volksvertretung erhält das Recht, Gesetze zu erlassen. Dem König steht nur ein aufschiebendes Vetorecht zu.

Das Brandenburger Tor in Berlin wird fertiggestellt.

1791–1792 Die „Gesetzgebende Versammlung" tagt in Paris. Sie wird mehr und mehr von einer radikalen Parteigruppe, den Jakobinern, beherrscht.

1792 Die Führer der Jakobiner, Danton und Marat, entfesseln in Paris den Terror. Die Königsfamilie wird gefangengesetzt; 3000 politisch Verdächtige werden ermordet.

Der neu zusammengetretene „Nationalkonvent" beseitigt das Königtum und ruft am 22. September in Frankreich die Republik aus.

1792–1797 Erster Koalitionskrieg. Frankreich erklärt Österreich den Krieg, weil Kaiser Leopold II. (1790–1792) seinen Schwager Ludwig XVI. mit Unterstützung preußischer Truppen befreien will. Nach der Kanonade von Valmy ziehen sich die Österreicher und Preußen zurück. Die französischen Revolutionäre besetzen das linke Rheinufer und Belgien.

Schlacht bei den Pyramiden

1793 Ludwig XVI. wird vom Nationalkonvent zum Tode verurteilt und mit der Guillotine hingerichtet. — England tritt in den Krieg gegen Frankreich ein.

1793—1794 Schreckensherrschaft der Jakobiner unter Führung Robespierres. — Das Christentum wird von Staats wegen abgeschafft und durch den Kult der Vernunft ersetzt. Einführung einer allgemeinen Wehrpflicht.

1793—1795 Zweite und dritte Teilung Polens durch Rußland, Preußen und Österreich. Ende des polnischen Reiches.

1794 Sturz und Hinrichtung Robespierres. Im Konvent herrschen die gemäßigten Girondisten.

1795 Der Nationalkonvent arbeitet die „Direktorialverfassung" aus. 5 Direktoren stehen an der Spitze des Staates.
Die Niederlande werden von den Franzosen erobert und französischer Satellitenstaat („Batavische Republik"). — Daraufhin besetzt England die niederländischen Kolonien Ceylon und Kapstadt. — Preußen scheidet aus dem Koalitionskrieg aus, da es durch die polnischen Erwerbungen (s. 1793—1795) voll in Anspruch genommen ist.

Pariser Mode um 1795

1796 Der Theaterschriftsteller Aloys Senefelder (1771—1834) erfindet den Steindruck.

1796—1797 Der junge französische General Napoleon Bonaparte führt in Oberitalien erfolgreich Krieg gegen Österreich.

1797 Der Friede zu Campo Formio beendet den 1. Koalitionskrieg: Belgien und das linke Rheinufer werden französisch.

Steindruck

1798—1799 Napoleon zieht nach Ägypten, um die englische Kolonialherrschaft zu brechen. In der Schlacht bei den Pyramiden besiegt er die Mamelucken.

1798 Der englische Admiral Horatio Nelson vernichtet die vor Abukir (Ägypten) liegende französische Landungsflotte.

1798—1802 Zweiter Koalitionskrieg gegen Frankreich auf Betreiben Englands.
Österreich schließt 1801 den Frieden zu Lunéville, der die Abtretung des linken Rheinufers (s. 1797) nochmals bestätigt. Die Engländer willigen 1802 im Frieden von Amiens in die Rückgabe ihrer kolonialen Eroberungen ein. Ägypten geben sie den Türken zurück.

1799 Napoleon macht sich durch einen Staatsstreich zum Ersten Konsul Frankreichs.

1800 Die Engländer besetzen Malta.

Der junge Napoleon

1803 Napoleon verkauft Louisiana für 15 Millionen Dollar an die USA.
Unter dem Einfluß Napoleons ordnet der Reichsdeputationshauptschluß die staatlichen Verhältnisse im Deutschen Reich. Die geistlichen Reichsstände werden aufgehoben, ebenso viele der kleinen reichsunmittelbaren Fürstentümer und Reichsstädte.

1804 Kaiser Franz II. (1792—1806) erklärt Österreich zum erblichen Kaiserreich. Napoleon läßt sich zum Kaiser von Frankreich wählen und krönt sich und seine Gemahlin in Anwesenheit des Papstes.

Die Engländer vor Malta

unten: Satirische Zeichnung auf die Zustände in der französischen Gesellschaft vor der Revolution am Ende des 18. Jahrhunderts. Geistlichkeit und Adel erdrücken mit ihrer Last von Steuern und Fronarbeit den am Boden liegenden Bauern, den 3. Stand.

oben: Marie-Antoinette, die 1793 hingerichtete Königin von Frankreich, Tochter der österreichischen Kaiserin Maria Theresia (s. 1740—1780); Gemälde von Elisabeth Vigée-Lebrun (1755—1842).

unten: Zimmer im Stil Louis XV. *links:* ein Salon, *rechts:* ein Speisezimmer.

oben: Auftakt zur Französischen Revolution: Die Vertreter der 3 Stände geloben am 20. Juni 1789 im Ballhaus von Versailles, Frankreich eine Verfassung zu geben; Ausschnitt aus einem zeitgenössischen Gemälde von Jacques-Louis David (1748—1825).

darunter: Führer und Opfer der Revolution. *Von links nach rechts:* Robespierre, Anhänger Rousseaus und Haupt der radikalen Jakobiner während ihrer Schreckensherrschaft 1793—1794; der Publizist Marat; Danton, der Organisator des Terrors; Saint-Just, Parteigänger Robespierres.

rechts: König Ludwig XVI. wird zur Hinrichtung geführt (20. Januar 1793).

Fultons „Claremont"

„Wilhelm Tell"

A. v. Humboldt in Südamerika

um 1804 Höhepunkt der deutschen Literatur: Klassik und Frühromantik.
Goethe und Schiller prägen durch ihre Werke den Geist der deutschen Klassik, die eine Überwindung der tragischen Gegensätze im Menschen erstrebt (Goethe besonders in seinen Dramen: Egmont, Iphigenie, Tasso; Schiller: Don Carlos, Maria Stuart, Wilhelm Tell). — Die Vertreter der Frühromantik (u. a. die Brüder August und Friedrich von Schlegel, 1767 bis 1845 und 1772—1829, Clemens von Brentano, 1778—1842, Novalis, eig. Friedrich von Hardenberg, 1772—1801) betonen in ihren Werken das Lyrische, Sehnsuchtsvolle, Unendliche (s. auch 1825).

Alexander von Humboldt (1769—1859), der Begründer der modernen geographischen Wissenschaft, kehrt von seinen Forschungsreisen aus Süd- und Mittelamerika zurück.

Ludwig van Beethoven (1770—1824) komponiert seine ersten Sinfonien und die Oper „Leonore".

Der Code Civil, das auf Napoleons Anordnung entstandene französische Gesetzbuch, wird in Frankreich und den eroberten Gebieten eingeführt.

1805 Dritter Koalitionskrieg gegen Frankreich: England, Österreich, Rußland, Schweden wollen das europäische Gleichgewicht wiederherstellen.
In der Dreikaiserschlacht bei Austerlitz (Mähren) besiegt Napoleon den Zaren und den österreichischen Kaiser. Friede zu Preßburg: Österreich verliert Venetien; Bayern und Württemberg werden Königreiche.

In der Seeschlacht von Trafalgar besiegt der englische Admiral Nelson (s. 1798) die französische Flotte.

1806 Die süd- und westdeutschen Fürsten lösen sich vom Reich und bilden einen „Rheinbund" unter dem Protektorat Napoleons. Kaiser Franz II. legt darauf die deutsche Kaiserkrone nieder, bleibt aber Kaiser von Österreich. Ende des 1. Deutschen Reiches.

Krieg zwischen Frankreich und Preußen, das in der Doppelschlacht bei Jena und Auerstädt vollständig besiegt wird. Napoleon verfügt die Kontinentalsperre, um England wirtschaftlich zu ruinieren. — England erobert das Kapland.

Nelson bei Trafalgar

1807 Friede zu Tilsit zwischen Frankreich, Rußland und Preußen. Preußen verliert alle Gebiete westlich der Elbe und die polnischen Erwerbungen außer Westpreußen.

Erste Fahrt des von dem Amerikaner Robert Fulton (1765—1815) erbauten Dampfschiffes auf dem Hudson.

1807—1808 Der von König Friedrich Wilhelm III. (1797—1840) an die Spitze der preußischen Regierung berufene Freiherr vom Stein erläßt weitgreifende Reformen: Aufhebung der Erbuntertänigkeit der Bauern (Bauernbefreiung) und Selbstverwaltung der Städte durch die Bürger (Städteordnung).

1808 Fürstentag zu Erfurt. — Napoleon auf dem Höhepunkt seiner Macht.

Mode um 1805

Blücher beim Rheinübergang

Guerillas werden erschossen

1808 Napoleon zwingt den spanischen König zum Thronverzicht und setzt seinen Bruder Joseph als neuen Herrscher ein. Das spanische Volk wehrt sich in einem erbitterten Kleinkrieg (Guerillakrieg), als die Franzosen in das Land einfallen. Der englische Herzog Wellington eilt den Spaniern zu Hilfe.

König Friedrich Wilhelm III. von Preußen muß den Freiherrn vom Stein auf Befehl Napoleons entlassen; sein Nachfolger, der Freiherr von Hardenberg, führt die Gewerbefreiheit ein. Die Generale Scharnhorst und Gneisenau reorganisieren das preußische Heer nach dem Vorbild des französischen Volksheeres.

1809 Erhebung Österreichs. Napoleon siegt bei Wagram und diktiert den Frieden von Schönbrunn, der Österreich große Gebietsverluste auferlegt (u. a. Tirol, Galizien, Adriaküste).

Aufstand der Tiroler unter Führung Andreas Hofers gegen Franzosen und Bayern.

Der schwedische König Karl XIII. schließt mit Frankreich und Rußland Frieden. Er adoptiert 1810 den französischen Marschall Bernadotte, der 1818 Thronfolger wird.

Sömmerings Telegraph

1810 Auf Betreiben Wilhelm von Humboldts (1767—1835) wird in Berlin eine Universität gegründet.

Der deutsche Arzt Samuel Friedrich Hahnemann (1755—1843) begründet in seinem Werk „Organon der Heilkunst" die Heilmethode der Homöopathie. Der deutsche Arzt Samuel Thomas von Sömmering (1755—1830) konstruiert einen elektrischen Telegraphen.

1811 Die südamerikanischen Kolonien beginnen sich vom spanischen Mutterland zu lösen. Befreiungskämpfe in Venezuela, Kolumbien, Uruguay.

1812 Napoleon beginnt einen großangelegten Feldzug gegen Rußland. Nach dem Sieg bei Borodino zieht er im September in Moskau ein. Der Brand der russischen Hauptstadt zwingt die französischen Truppen im Oktober zum Rückzug. Kälte und russische Angriffe führen zur vollständigen Vernichtung der „Großen Armee".

Der Brand Moskaus

1813 General Yorck von Wartenburg, Führer des preußischen Hilfskorps, schließt mit dem russischen General Diebitsch in Tauroggen ein Neutralitätsabkommen. In Ostpreußen Beginn der Erhebung gegen die französische Herrschaft, die Freiherr vom Stein organisiert. Rußland, Preußen, England, Schweden und Österreich verbünden sich und führen gemeinsam die Befreiungskriege. Im Oktober „Völkerschlacht bei Leipzig". Napoleon zieht sich über den Rhein zurück. Auflösung des Rheinbundes. Die Franzosen räumen Spanien.

Der badische Forstmeister Karl Friedrich Drais (1785—1851) erfindet einen „Laufwagen", 1817 ein „Lauf-Fahrrad".

1814 Der preußische Marschall Blücher trägt den Angriff nach Frankreich vor. Einzug der Verbündeten in Paris. Napoleon entsagt in Fontainebleau der Krone und wird nach Elba verbannt. — Rückkehr der Bourbonen (Ludwig XVIII., 1814—1824) nach Frankreich.

Lauf-Fahrrad von Drais

unten: Der Erbe der Französischen Revolution, Napoleon Bonaparte, krönt sich am 2. Dezember 1804 in Notre-Dame zum Kaiser der Franzosen; Gemälde von Jacques-Louis David (s. S. 151). Als Papst Pius VII. sich anschickte, Napoleon die Krone aufs Haupt zu

setzen, kam ihm dieser zuvor und krönte sich selbst; darauf setzte er seiner Gemahlin Josephine das Diadem aufs Haupt. Die Bedeutung dieser Geste war offensichtlich: er betrachtete sich unabhängig von der Autorität des Papstes.

rechte Seite oben: Der letzte Brief des englischen Admirals Nelson (1758—1805) an Lady Hamilton vor der Schlacht von Trafalgar (s. S. 152). Er endet mit den Worten: „. . . und da ich mein letztes Schreiben vor der Schlacht an Dich richte, vertraue ich auf Gott, daß ich am Leben bleibe, um meinen Brief nachher zu beenden." Aber auf dem Deck der „Victory" fand der siegreiche Admiral den Tod.

unten: Das napoleonische Heer zieht unter der Führung des Marschalls Murat, Königs von Neapel, im September 1812 in Moskau ein. Die Russen hatten die Stadt, ohne Widerstand zu leisten, geräumt, steckten sie aber später in Brand. Da die Franzosen von ihrem Nachschub abgeschnitten waren, mußten sie den Rückzug antreten, der das Ende der „Großen Armee" und des Kaiserreiches einleitete.

Victory Oct:r 19:th 1805
Noon Cadiz E:S:E 16 Leagues

125

My Dearest beloved Emma the dear
friend of my bosom the Signal has
been made that the Enemys Combined
fleet are coming out of Port, We
have very little Wind so that I have
no hopes of seeing them before tomorrow
May the God of Battles crown my
Endeavours with success at all events
I will take care that my name shall ever
be most dear to You and Horatia both
of whom I love as much as my own
life, and as my last writing before the
battle will be to You so I hope in God that
I shall live to finish my letter after the

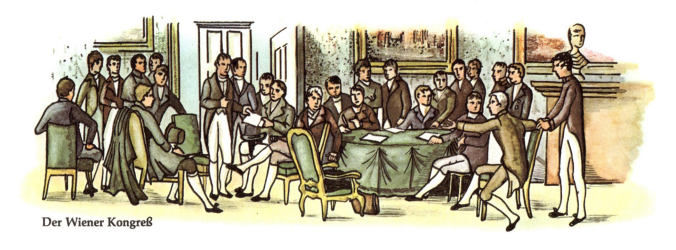

Der Wiener Kongreß

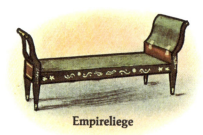

Empireliege

Schlacht bei Waterloo

Gruben-Sicherheitslampe

Die „Savannah"

1814 Der englische Ingenieur George Stephenson (1781—1848) baut die erste brauchbare Dampflokomotive.

Erste Gasbeleuchtung in Londoner Straßen.

1814—1815 Neuordnung Europas auf dem Wiener Kongreß durch die Staatsmänner Metternich (Österreich), Hardenberg (Preußen), Castlereagh (England), Zar Alexander (Rußland), Talleyrand (Frankreich).

An die Stelle des Deutschen Reiches tritt der Deutsche Bund unter Führung Österreichs. Oberste Behörde ist der Bundestag in Frankfurt a. M., eine ständige Gesandtenkonferenz mit geringen Befugnissen.

Österreich tritt Belgien an die Niederlande ab und erhält u. a. Gebiete in Oberitalien. Preußen übernimmt die Rheinprovinz, während es polnische Gebiete an Rußland abtritt. England sichert sich koloniale Besitzungen. Norwegen wird mit Schweden in Personalunion verbunden. — In Spanien, Portugal, Sardinien, Toskana werden die alten Dynastien wieder eingesetzt.

Der an antike und ägyptische Vorbilder sich anlehnende Empirestil (z. B. Arc de Triomphe, Paris) wird außerhalb Frankreichs nicht nachgeahmt.

1815 Napoleon landet in Südfrankreich. Die Schlacht bei Waterloo (Blücher und Wellington) beendet seine „Herrschaft der 100 Tage". Napoleon wird nach St. Helena verbannt. Frankreich behält die Grenzen von 1790.

Zur Erhaltung des Friedens und der bestehenden Ordnung schließen sich Österreich, Preußen und Rußland in der „Heiligen Allianz" zusammen.

Der englische Chemiker Humphry Davy (1778—1829) erfindet die Gruben-Sicherheitslampe für den Bergbau.

1817 Deutsche Studenten, die sich 1815 zur Deutschen Burschenschaft zusammengeschlossen hatten, fordern auf der Wartburg unter den schwarz-rot-goldenen Farben ein einheitliches und freiheitliches Deutsches Reich.

Georg Wilh. Friedr. Hegel (1770—1831) wird an die Berliner Universität berufen. Seine Lehre vom „absoluten Geist", der sich dialektisch (in These, Antithese, Synthese) in der Welt entfalte, übt starken Einfluß aus.

1819 Der als russischer Spion verdächtige Dichter August von Kotzebue wird von einem Burschenschaftler ermordet. Der österreichische Staatskanzler Metternich benutzt den Anlaß, um in den Ländern des Deutschen Bundes die „Karlsbader Beschlüsse" durchzusetzen: Verbot der Burschenschaften, Zensur aller Bücher und Zeitungen, Beaufsichtigung der Universitäten.

Simon Bolivar (1783—1830) wird in Venezuela zum Präsidenten mit diktatorischen Vollmachten gewählt. In den folgenden Jahren befreit er Ekuador und Peru von der spanischen Herrschaft.

Der amerikanische Schaufelraddampfer „Savannah" überquert den Atlantik in 26 Tagen.

1820 Ein Aufstand in Spanien erzwingt eine liberale Verfassung. Der König wird gefangengenommen.

Napoleon auf St. Helena

1821 Napoleon auf St. Helena gestorben.

1821—1829 Erfolgreicher Freiheitskampf der Griechen gegen die Türken, unterstützt von vielen Freiwilligen aus ganz Europa (u. a. Lord Byron, s. um 1825).
Rußland, England und Frankreich greifen ein: sie besiegen 1827 die türkische Flotte in der Seeschlacht von Navarino. 1832 wird Griechenland Königreich (erster König: Prinz Otto von Bayern).

1822 Brasilien erklärt seine Unabhängigkeit von Portugal. Der älteste Sohn des portugiesischen Königs läßt sich zum Kaiser von Brasilien krönen. Das Kaiserreich besteht bis 1889.
In Afrika werden freigelassene amerikanische Negersklaven angesiedelt. Hieraus entsteht 1847 die Republik Liberia.

Gründung von Liberia

1823 In Spanien besiegen Truppen der Heiligen Allianz die Republikaner (s. 1820) und stellen die absolute Monarchie wieder her.
James Monroe, 5. Präsident der USA, erklärt nach dem Grundsatz „Amerika den Amerikanern" jede Einmischung europäischer Staaten in die Freiheitskämpfe der südamerikanischen Kolonien für unzulässig.
Mexiko wird Republik.

1824 In England bilden sich nach einer Zeit des Verbots erneut Gewerkschaften.

1825 Dekabristenaufstand in Rußland. Junge Adlige und Offiziere fordern eine freiere Staatsform. Zar Nikolaus I. (1825—1855) unterdrückt den Aufstand blutig.
Die erste Eisenbahnlinie in England zwischen Stockton und Darlington wird eröffnet.

Simon Bolivar

um 1825 Höhepunkt der romantischen Dichtung (s. um 1804): Josef von Eichendorff (1788—1857), Adelbert von Chamisso (1781—1838), Ludwig Uhland (1787 bis 1862), Gustav Schwab (1792—1850), Wilhelm Hauff (1802—1827) u. a.
In England treten George Byron (1788—1824), Percy Shelley (1792—1822) und Walter Scott (1771—1832) hervor.
In Frankreich dichten Alphonse de Lamartine (1790—1869), François-René de Chateaubriand (1768—1848) und Victor Hugo (1802—1885).
Nach dem Beispiel der deutschen Brüder Jakob und Wilhelm Grimm (1785 bis 1863 und 1786—1859) sammelt der Däne Hans Christian Andersen (1805—1875) Volksmärchen.
Edgar Allan Poe (1809—1849) und Walt Whitman (1819—1892) sind die bekanntesten Dichter der Neuen Welt. — Die russischen Dichter Alexander Puschkin (1799—1837) und Iwan Turgenjew (1818—1883) werden in der ganzen Kulturwelt bekannt.
Die Romantik wirkt anregend auf die Geschichtsschreibung (Leopold von Ranke, 1795—1886), die Sprachwissenschaft (Brüder Grimm), die Rechts- und Staatslehre (Karl von Savigny, 1779—1861), die Musik (Franz Schubert, 1797—1828, Robert Schumann, 1810—1856, Carl Maria von Weber, 1786 bis 1826, Felix Mendelssohn-Bartholdy, 1809—1847) und die Malerei (Ludwig Richter, 1803—1884, Caspar David Friedrich, 1774—1840).

Lord Byron in Griechenland

Mode um 1825

oben von links: Die Haupturheber der „Heiligen Allianz" (s. 1815): Alexander I., Zar von Rußland; Franz I., Kaiser von Österreich; Fürst Metternich, österreichischer Staatskanzler; Friedrich Wilhelm III., König von Preußen.

links: Thronsaal im Palazzo Ducale in Parma. Hier regierte Marie-Luise, die älteste Tochter Franz I. von Österreich und zweite Frau Napoleons, von 1816—1847 als Herzogin von Parma.

rechts: Zimmer im Empire-Stil (s. 1814/1815) mit dem Bett Napoleons aus dem Schloß von Bordeaux. Als dekorative Elemente werden griechisch-römische Motive (geflügelte Siegesgöttinnen, Adler u. a.) und ägyptische Vorbilder (Sphinxe, Isisköpfe, Skarabäen) verwendet.

rechts: Die Erschaffung Adams, eine der vielen Illustrationen zur Bibel von dem englischen Maler und Dichter William Blake (1757—1827).

unten rechts: Friedrich von Schiller, nach Johann Wolfgang von Goethe der bedeutendste Dichter der deutschen Klassik (s. um 1804).

darunter: Ludwig van Beethoven, der Schöpfer klassischer Sinfonien und Streichquartette (s. um 1804).

unten: Der Koloß oder Die Panik; Gemälde des Spaniers Francisco de Goya (1746—1828).

Das Lokomotivenrennen von Rainhill

Julirevolution von 1830

Polnischer Aufstand

Ross am magnetischen Pol

Zündnadelgewehr

1827 Georg Simon Ohm, deutscher Physiker (1787—1854), entdeckt das Gesetz über das Verhältnis von Strom, Spannung und Widerstand.

1828 Dem deutschen Chemiker Friedrich Wöhler (1800—1882) gelingt die Synthese des organischen Harnstoffs aus anorganischen Stoffen.

1828—1829 Russisch-türkischer Krieg. Im Frieden zu Adrianopel erhält Rußland Gebiete südlich des Kaukasus und des Donaudeltas. Die Türkei muß in den Donaufürstentümern (Moldau, Walachei, Serbien) christliche Statthalter einsetzen.

1829 In England wird die Testakte (s. 1673) aufgehoben.
Stephensons „Rocket" (s. 1814) fährt bei einem Wettrennen 24 km/st.

1830 Die Julirevolution in Paris stürzt König Karl X., der die absolute Monarchie wieder einführen wollte.
Belgien trennt sich von den Niederlanden und wird 1831 selbständiges Königreich.
Der deutsche Professor Friedrich List (1789—1846) tritt für ein einheitliches deutsches Wirtschaftsgebiet ein. Er fordert Aufhebung aller innerdeutschen Zollgrenzen und den Bau eines Eisenbahnnetzes.

1830—1848 König Louis Philippe von Frankreich, der „Bürgerkönig", stützt sich auf das wohlhabende Bürgertum.
Frankreich erobert Algerien.

1831 Ein polnischer Aufstand wird von russischen Truppen niedergeschlagen; Polen wird russische Provinz.
Der Italiener Giuseppe Mazzini (1805—1872) gründet in Marseille das „Junge Italien", einen republikanischen Geheimbund zur Einigung Italiens.
Der englische Polarforscher John Ross (1777—1856) entdeckt den magnetischen Pol der Arktis.
Michael Faraday, englischer Naturforscher (1791—1867), schafft durch die Umwandlung von Magnetismus in elektrischen Strom die Grundlage des Elektromotors.

1832 Auf dem Hambacher Fest fordern 30 000 Menschen ein einheitliches Deutschland in einer europäischen Republik; die Folge ist eine verschärfte Überwachung der Presse und des öffentlichen Lebens sowie die Einkerkerung von „Demagogen" durch die restaurativen Kräfte der „Heiligen Allianz".
Parlamentsreform in England. Die Industriestädte dürfen Vertreter in das Parlament entsenden. Es bilden sich die Parteien der Konservativen und der Liberalen. — Zunehmende Industrialisierung.
Goethe, Deutschlands größter Dichter, stirbt im Alter von 83 Jahren (s. 1749, um 1770, 1774, 1786, um 1804).

1833 Die englischen Gewerkschaften erreichen eine Beschränkung der Arbeitszeit für Jugendliche und die Kontrolle der Betriebe durch den Staat. — Aufhebung der Sklaverei in den englischen Kolonien.

Laboratorium Justus von Liebigs

1833   Johann Hinrich Wichern (1808—1881), protestantischer Geistlicher, gründet in Hamburg das „Rauhe Haus" als Erziehungsheim für verwahrloste Kinder. Es wird der Ausgangspunkt der „Inneren Mission" (1848).

Der deutsche Mathematiker Karl Friedrich Gauß (1777—1855) baut zusammen mit dem Physiker Wilhelm E. Weber (1804—1891) den ersten elektromagnetischen Telegraphen.

1834   Der „Deutsche Zollverein" tritt in Kraft. Unter der Führung Preußens faßt er die meisten deutschen Staaten außer Österreich wirtschaftlich zusammen.

1834—1839   Bürgerkrieg in Spanien zwischen den liberalen Anhängern der Königin Isabella II. (1833—1868) und den zum Absolutismus neigenden Anhängern ihres Onkels Don Carlos. Mit Hilfe Englands, Frankreichs und Portugals werden die „Carlisten" besiegt. — Die Inquisition wird in Spanien 1834 aufgehoben.

1835   Der schwedische Chemiker Jöns Jakob von Berzelius (1779—1848) entwickelt die Symbolschrift für die chemischen Elemente.

In Deutschland wird die erste Eisenbahnlinie von Nürnberg nach Fürth eingeweiht; 1837 folgt die Strecke Dresden—Leipzig.

um 1835   Die südafrikanischen Buren ziehen von Kapstadt aus nach Norden und gründen unabhängige Republiken (1840: Natal, 1842: Oranje, 1843: Transvaal).

1836   Der Deutsche J. Nikolaus von Dreyse (1787—1867) konstruiert ein Hinterlader-Zündnadelgewehr. ·

1837   Der Amerikaner Samuel Morse (1791—1842) konstruiert einen brauchbaren Schreibtelegraphen und entwickelt das Morsealphabet.

1837—1901   Viktoria, Königin von England. Während ihrer Regierungszeit, dem „Viktorianischen Zeitalter", erlebt England den Höhepunkt seiner neuzeitlichen Geschichte. Es dehnt seine Kolonialherrschaft aus und verstärkt seine Industrialisierung.

1839   Der Pariser Kunstmaler Jacques M. Daguerre (1787—1851) veröffentlicht Einzelheiten seiner Erfindung der Photographie.

1840   Der deutsche Chemiker Justus von Liebig (1803—1873) entdeckt die künstliche Mineraldüngung und ermöglicht damit eine wesentliche Steigerung der Agrar-Erträge.

1840—1842   Im „Opiumkrieg" erzwingt England von China die Öffnung seiner Häfen für die Einfuhr von Opium.

1840—1861   Friedrich Wilhelm IV., König von Preußen. Nach anfänglichen Zugeständnissen an die liberale und demokratische Bewegung wird er durch den Verlauf der Revolution (s. 1848) zur Rückkehr zu autoritären Methoden bewogen.

1841   Im Dardanellenvertrag in London kommen die europäischen Großmächte überein, die Meerenge im Frieden für nichttürkische Kriegsschiffe zu sperren. Rußlands Seemacht wird damit auf das Schwarze Meer begrenzt.

Versuchsapparat Faradays

Morsetelegraph

Königin Viktoria

Photoapparat von Daguerre

rechte Seite: Die Schlacht von Navarino (s. 1821—1829); Gemälde des zeitgenössischen Malers Thomas Lang. Die Vernichtung der türkischen Flotte brachte Griechenland die Unabhängigkeit.

links: Der italienische Dichter Alessandro Manzoni (1785—1873), der Verfasser der „Verlobten" (I Promessi Sposi) und Haupt der italienischen Romantik.

unten: Der erste König der Belgier, Leopold I. von Coburg (1831—1865).

links: Das Volk von Paris huldigt nach der Julirevolution von 1830 dem neuen König Louis-Philippe (s. 1830—1848).
Beide Monarchen kamen durch Volksbewegungen auf den Thron, die mit der Neugestaltung Europas, wie sie der Wiener Kongreß beschlossen hatte, nicht zufrieden waren. Die seit der Aufklärung wirkenden liberalen und nationalen Kräfte des Bürgertums ruhten nicht eher, bis sie eine Neuordnung der Völker und Staaten im Sinne der Selbstbestimmung erreicht hatten.

Bau von Eisenschiffen

„Lederstrumpf"

Edgar Allan Poe

1841 „Der Wildtöter", der letzte Roman aus dem „Lederstrumpf"-Zyklus des amerikanischen Schriftstellers James Fenimore Cooper (1789–1851) erscheint. Seine Romane gehören zur klassischen Jugendliteratur.

Der Amerikaner Edgar Allan Poe (s. um 1825) veröffentlicht die ersten literarisch bedeutenden Kriminalgeschichten.

Kanada erhält als erste englische Kolonie eine eigene Verfassung.

August Borsig (1804–1854) baut in seiner Berliner Maschinenfabrik die erste deutsche Lokomotive.

1843 Der sächsische Hofdirigent Richard Wagner (1813–1883) komponiert die Oper „Der fliegende Holländer". Mit seinem neuen Stil des Musikdramas will er die Oper reformieren.

Der dänische Theologe und Philosoph Sören Kierkegaard (1813–1855) veröffentlicht sein für die existenzialistische Philosophie bedeutsames Werk „Entweder – Oder".

1844 Die durch die Mechanisierung der Tuchherstellung in Not geratenen schlesischen Weber zerstören die in den Fabriken aufgestellten Maschinen.

Die erste Telegraphenlinie wird in Amerika zwischen Baltimore und Washington eingerichtet.

um 1845 Der Bau von Schiffen aus Eisenplatten beginnt sich durchzusetzen.
Diese Entwicklung wird durch Lloyd, die größte Schiffsversicherungsgesellschaft der Welt in London, gefördert, deren Prämien nach der Sicherheit der Schiffe bemessen sind.

1846 Aufhebung der Getreideeinfuhrzölle in England; Übergang zum Freihandel. Der steigende Wohlstand mildert die sozialen Spannungen.

Adolf Kolping (1813–1865) gründet in Elberfeld einen deutschen katholischen Gesellenverein. Die Gesellenvereine wollen dem wandernden jungen Handwerker ein familienähnliches Zuhause bieten.

„Der fliegende Holländer"

1846–1847 Bei chirurgischen Operationen wird die Narkose mit Äther oder Chloroform eingeführt.

1847 Schweizer Sonderbundkrieg: Sieben katholische Kantone, die sich von der Eidgenossenschaft losgesagt haben, werden durch Bundesexekution zur Unterwerfung gezwungen.

Camillo Benso Graf von Cavour (1810–1861) gründet in Mailand die Zeitung „Il Risorgimento". Sein Ziel ist die Einheit und Unabhängigkeit Italiens.

1848 Aufstand der Ungarn unter Lajos Kossuth (1802–1894) gegen Österreich; die Erhebung wird 1849 von den Österreichern und Russen blutig niedergeschlagen.

Erste Telegraphenlinie

Nordamerikanische Stadt

Karl Marx

1848   Karl Marx (1818–1883) und Friedrich Engels (1820–1895) veröffentlichen in London das „Kommunistische Manifest" („Proletarier aller Länder vereinigt Euch!"), in dem die Geschichte als „Geschichte von Klassenkämpfen" gedeutet wird. — Das Manifest bleibt bis zum Ersten Weltkrieg das Grundsatzprogramm fast aller sozialistischen Parteien.

Februarrevolution in Frankreich; Ausrufung der Republik. Prinz Louis Napoleon, ein Neffe Napoleons I., wird zum Präsidenten gewählt.

März: Aufstände auch in Wien, Berlin, München und anderen deutschen Städten. Metternich tritt zurück und flieht. Der preußische König gibt den Revolutionären nach. Nationale Bevölkerungsteile Österreichs (Ungarn, Böhmen, Italiener) fordern Selbständigkeit. In Bayern dankt König Ludwig I. (seit 1825) ab.

Mai: In der Frankfurter Paulskirche tritt das erste frei gewählte und alle deutschen Länder umfassende Parlament zusammen. Die Nationalversammlung arbeitet die Verfassung für einen deutschen Bundesstaat (ohne Österreich) aus.

November/Dezember: Die alten Kräfte kommen in Deutschland wieder an die Macht. Wien wird von kaiserlichen Truppen besetzt, der Reichstag aufgelöst. Kaiser Ferdinand (1835–1848) überläßt die Regierung seinem Neffen Franz Joseph I. (1848–1916). — König Friedrich Wilhelm IV. löst die preußische Nationalversammlung auf und „diktiert" eine Verfassung.

Nach einem Krieg gegen Mexiko (seit 1845) gewinnen die USA Texas und Kalifornien. In Kalifornien wird Gold gefunden. Der „Große Treck" nach dem Westen beginnt.

Februarrevolution

1848–1850   Krieg Schleswig-Holsteins gegen Dänemark, weil König Friedrich VII. (1848 bis 1863) Schleswig mit seinem Königreich vereinigt. Der Einspruch Englands, Rußlands und Frankreichs unterbindet die Unterstützung der deutschen Provinzen durch den Deutschen Bund. Sieg der Dänen.

1849   König Friedrich Wilhelm IV. von Preußen lehnt die ihm von der Frankfurter Nationalversammlung angebotene Kaiserkrone ab. Auflösung der Nationalversammlung. — Feldmarschall Radetzki stellt die österreichische Herrschaft in Oberitalien wieder her. — Ein russisches Heer eilt den Österreichern in Ungarn zu Hilfe und schlägt die Erhebung nieder. — Giuseppe Mazzini (s. 1831) ruft die „Römische Republik" aus; der Papst verläßt Rom. Französische Truppen übernehmen den Schutz des Kirchenstaates und führen den Papst nach Rom zurück.

Parlament in der Paulskirche

1850   Vertrag zu Olmütz: Preußen muß auf seinen Versuch verzichten, an Stelle des Deutschen Bundes einen Fürstenbund unter seiner Führung zu errichten.

1851/52   Louis Napoleon erlangt durch einen Staatsstreich als Napoleon III. die französische Kaiserwürde.

1852   Das „Londoner Protokoll" bestimmt, daß Schleswig und Holstein unter dänischer Herrschaft bleiben, aber Dänemark nicht einverleibt werden dürfen.

1853   Das Fahrrad mit Tretkurbel wird erfunden.

Fahrrad mit Tretkurbel

Heinrich Heine (1797–1856)

François-René Chateaubriand (1768–1848)

Honoré de Balzac (1799–1850)

linke Seite, rechts oben: Der Kristallpalast, erbaut von dem englischen Architekten Joseph Paxton für die erste Weltausstellung der Geschichte, die 1851 in London stattfand. Für die damals kühne Konstruktion wurden 300 000 qm Glas und 70 km Eisenstangen benötigt.

linke Seite, rechts unten: Zwei Jünglinge betrachten den Mond; Gemälde von Caspar David Friedrich, einem bedeutenden Maler der deutschen Romantik, um 1820. Das Bild spiegelt eindrucksvoll die starke Naturverbundenheit der Epoche wider.

oben: Der italienische Republikaner Giuseppe Mazzini (s. 1831) unterrichtet in seinem Londoner Exil (1837 bis 1848) italienische Kinder in der Schule. Der aus Genua stammende Vorkämpfer der italienischen Einheit verkündete in dem Programm des von ihm gegründeten Geheimbundes „Junges Italien" als Ziel die Einigung und Unabhängigkeit der italienischen Provinzen unter republikanischer Herrschaft. Mazzini vertraute nicht auf die Hilfe fremder Mächte, sondern auf die Kraft des Volkes; die von ihm entfachten Aufstände scheiterten jedoch fast alle. Erst Cavour (s. 1847, 1859, S. 171) gelang die Verwirklichung des großen Planes.

Der Suezkanal

Giuseppe Garibaldi

Telephon von Philipp Reis

Louis Pasteur

Sklavenmarkt in den Südstaaten

1853—1856 Krimkrieg. England, Frankreich, Österreich und Sardinien unterstützen die Türkei gegen Rußland. Die Festung Sewastopol wird belagert und erobert. Die Engländerin Florence Nightingale (1820—1910) organisiert tatkräftig die Pflege der Verwundeten. — Der Friedensvertrag zu Paris verbietet Rußland, Kriegsschiffe im Schwarzen Meer zu stationieren.

1854 Der amerikanische Kommodore Perry erzwingt die Öffnung japanischer Häfen für den Handel mit den USA.

1855—1856 Die Erfindung des Bessemer- und Siemens-Martin-Verfahrens erlaubt die Herstellung hochwertiger Stähle in großen Mengen.

1857 In Indien werfen die Engländer den Sepoy-Aufstand nieder.

1858 Indien wird britisches Vizekönigreich.

1859 Der englische Naturforscher Charles Darwin (1809—1882) veröffentlicht sein Werk „Über die Entstehung der Arten". Es leitet zusammen mit der „Abstammung des Menschen" (1871) eine neue Epoche der Abstammungslehre ein.

Italienischer Einigungskrieg: Sardinien (Ministerpräsident Graf v. Cavour, s. 1847) und Frankreich besiegen Österreich bei Magenta und Solferino. Österreich muß die Lombardei abtreten.

1859—1869 Der französische Ingenieur Ferdinand Lesseps (1805—1894) erbaut den Suezkanal.

1860 Der sardinische General Giuseppe Garibaldi landet mit Freischaren auf Sizilien („Zug der Tausend") und erzwingt dessen Anschluß an Sardinien; anschließend erobert er Neapel.

Rußland hat sich bis zum Stillen Ozean ausgedehnt; Wladiwostok wird gegründet.

1861 Abschaffung der Leibeigenschaft in Rußland.

Der deutsche Lehrer Philipp Reis (1834—1874) konstruiert das erste Telephon.

Der französische Bakteriologe Louis Pasteur (1822—1895) entwickelt Methoden der Sterilisierung (Keimfreimachung).

1861—1878 Viktor Emanuel II. wird mit Billigung des ersten italienischen Parlaments König von Italien; die Hauptstadt ist bis 1870 Florenz, nachher Rom. Italien ist — bis auf Rom und Venetien — geeint.

1861—1865 Bürgerkrieg (Sezessionskrieg) in den USA. Der Gegensatz zwischen den industrialisierten Nordstaaten, die die Sklaverei ablehnen, und den agrarischen Südstaaten, die für ihren Baumwollanbau Sklaven benötigen, kommt zum Ausbruch, als der Nordstaatler Abraham Lincoln (1809—1865), ein eifriger Befürworter der Sklavenbefreiung, zum Präsidenten gewählt wird. 11 Südstaaten erklären daraufhin ihren Austritt aus der Union. Der verlustreiche und rücksichtslos geführte Bürgerkrieg endet mit einem Sieg der Nordstaaten. Die Neger erhalten das Bürgerrecht. — Präsident Lincoln wird 1865 ermordet.

Bohrtürme in Nordamerika

1861—1867 Französische Militärexpedition nach Mexiko. Erzherzog Maximilian von Österreich läßt sich zum Kaiser von Mexiko ausrufen. Nach Abzug der französischen Truppen wird Maximilian 1867 von Republikanern erschossen.

1862 König Wilhelm I. von Preußen (1861—1888) beruft Otto von Bismarck zum Ministerpräsidenten.

1862—1869 Die USA bauen die erste transkontinentale Eisenbahn.
Die Erdölförderung der USA steigt nach der Erschließung ergiebiger Erdölquellen (1859) sprunghaft an. — Die schnelle Technisierung und die Bildung von Großindustrien machen die USA zu einer führenden Wirtschaftsmacht.

Erschießung Maximilians in Mexiko

1863 Ein Aufstand in Polen wird von den Russen unterdrückt. In Rußland entsteht eine panslawistische Bewegung mit dem Ziel, alle slawischen Völker unter russischer Herrschaft zu vereinen.
Der Schweizer Henri Dunant (1828—1910) gründet in Genf das Internationale Rote Kreuz zum Schutze der Verwundeten und Kranken im Krieg. In der Genfer Konvention von 1864 treten fast alle europäischen Staaten diesen Grundsätzen bei.
Ferdinand Lassalle (1825—1864) gründet in Deutschland den „Allgemeinen deutschen Arbeiterverein".

1864 Dänemark bricht das Londoner Protokoll von 1852. Preußen und Österreich besetzen Schleswig-Holstein und besiegen die dänischen Truppen bei den Düppeler Schanzen. Friede zu Wien: Abtretung der Herzogtümer Schleswig, Holstein und Lauenburg an Preußen und Österreich.
Gründung der Ersten Internationalen Arbeitervereinigung in London im Beisein von Karl Marx.

Transkontinentale Eisenbahn

1865 In London beginnt der Methodistenprediger William Booth (1829—1912) eine „Christliche Mission" zur Unterstützung der Armen. Er gestaltet sie 1878 nach militärischem Vorbild in die „Heilsarmee" um.
Der Österreicher Gregor Mendel (1822—1884) entdeckt bei Versuchen mit künstlicher Befruchtung an Erbsen und Bohnen die Vererbungsgesetze.

1866 Krieg zwischen Preußen und Österreich um die Vorherrschaft in Deutschland. Italien mit Preußen verbündet. Sieg der Preußen bei Königgrätz. Im Frieden zu Prag erklärt sich Österreich mit der Auflösung des Deutschen Bundes einverstanden. Schleswig-Holstein, Hannover, Kurhessen, Nassau, Frankfurt a. M. werden preußisch. Österreich behält seine Grenzen.
Unter Preußens Führung entsteht aus 22 norddeutschen Staaten der Norddeutsche Bund, dessen Bundeskanzler Bismarck wird. Bundespräsident ist der preußische König. Ihm ist die Leitung der Außenpolitik und der Oberbefehl über das Heer anvertraut. Die gesetzgebende Gewalt liegt in Händen des Bundesrates (der Vertreter der Fürsten) und des Bundesparlamentes. Die Verfassung sieht für die Wahl der Parlamentsvertreter das allgemeine Stimmrecht vor.

Das Rote Kreuz

Vererbungsgesetz von Mendel

oben: Die Sieben-Tage-Schlacht (25. 6. — 1. 7. 1862) um Richmond, die von den Truppen des Generals Lee erfolgreich verteidigte Hauptstadt der Südstaaten; zeitgenössische Lithographie aus dem amerikanischen Bürgerkrieg (s. 1861—1865). Die Nordstaatler eroberten die Stadt erst 1865 kurz vor Ende des Krieges.

unten: Die englische Krankenschwester Florence Nightingale im Spital von Skutari am Bosporus während des Krimkrieges (s. 1853—1856). Die tapfere Frau organisierte mit ihren 38 Helferinnen zum ersten Male einen wirksamen Sanitätsdienst zur Pflege der Kriegsverwundeten.

oben: Richard Wagner (s. 1843); zeitgenössische Karikatur, die das starke Temperament des Künstlers zum Ausdruck bringt.

rechts: Camillo Benso Graf von Cavour, der hervorragende italienische Staatsmann aus der Zeit der italienischen Einigung (s. 1847, 1859).

unten: Goldsucher in Kalifornien (s. 1848); zeitgenössische Lithographie. Auf die ersten Nachrichten von Goldfunden zogen viele Abenteurer in den amerikanischen Westen, um im Goldgraben und -waschen Reichtümer zu erwerben.

Stanley begegnet Livingstone

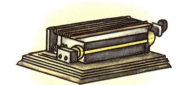

Dynamomaschine von Siemens

Otto von Bismarck

Robert Koch

Bells Telephon

1866 Werner von Siemens (1816–1892) baut die erste Dynamomaschine.

1867 Die USA erwerben Alaska für die Summe von 7 Mill. Dollar von Rußland.

Wahlrechtsreform in England: Premierminister Benjamin Disraeli erweitert das Wahlrecht auch auf die Arbeiter.

Ungarn erhält innerhalb des österreichisch-habsburgischen Reiches eine eigene Verfassung (österreichisch-ungarische Doppelmonarchie).

Alfred Nobel (1833–1896), schwedischer Chemiker und Industrieller, erfindet das Dynamit.

1867–1873 Der englische Missionar und Naturforscher David Livingstone (1813–1873) entdeckt den Sambesi und die Quellflüsse des Kongo. 1871 wird der vermißte Forscher von dem Journalisten Henry M. Stanley wiedergefunden.

1867–1912 Kaiser Mutsuhito (Meiji) reformiert Japan. Das Shogunat (s. 1603) wird aufgehoben. Der Kaiser verlegt seine Residenz nach Tokio und erläßt 1889 eine Verfassung. Staat und Heer werden nach europäischen Vorbildern reorganisiert.

1869 Gründung der Sozialdemokratischen Arbeiterpartei Deutschlands (SPD) in Eisenach durch August Bebel (1840–1913) und Wilhelm Liebknecht (1826 bis 1900).

1869–1870 1. Vatikanisches Konzil: Verkündung der Unfehlbarkeit des Papstes.

1870 Italien besetzt gegen den Protest des Papstes die von Franzosen beschützte Stadt Rom und erklärt sie zur Hauptstadt.

1870–1871 Deutsch-französischer Krieg: In der Schlacht bei Sedan gerät Napoleon III. in Kriegsgefangenschaft. Frankreich wird Republik.

1871 Zusammenschluß des Norddeutschen Bundes mit den süddeutschen Staaten zu einem neuen Deutschen Reich. König Wilhelm I. von Preußen wird in Versailles zum deutschen Kaiser proklamiert. Im Frieden zu Frankfurt a. M. muß Frankreich auf Elsaß-Lothringen verzichten und 5 Milliarden Francs als Kriegsentschädigung zahlen.

Das 2. Deutsche Reich ist ein föderalistischer Bundesstaat, in dem Preußen das Übergewicht hat. Im Reichstag sind Abgeordnete aus allen deutschen Ländern vertreten. Bismarck wird erster Reichskanzler.

1872–1878 „Kulturkampf" in Preußen gegen die katholische Kirche. Bismarck beseitigt die Vorrechte der Geistlichen; u. a. gehen die Schulaufsicht und das Recht zur Eheschließung auf den Staat über (Einrichtung von Standesämtern).

1873 Deutschland, Österreich und Rußland schließen das Dreikaiserbündnis.

1874 Gründung des Welt-Postvereins durch den deutschen Generalpostmeister Heinrich von Stephan (1831–1897).

1876 Der deutsche Arzt Robert Koch (1843–1910) entdeckt die Erreger des Milzbrandes, der Tuberkulose (1882) und der Cholera (1883).

Der Amerikaner Graham Bell (1847–1922) konstruiert ein gebrauchsfähiges Telephon.

Nikolaus August Otto (1832–1891) entwirft den ersten Viertaktmotor.

Straßenbild um 1885

1877 Die englische Königin Viktoria nimmt den Titel „Kaiserin von Indien" an. Der Amerikaner Thomas Edison (1847–1931) konstruiert das erste Grammophon (mit Walzen). 1879 stellt er die ersten Kohlefaden-Glühlampen her.

1877–1878 Rußland greift „zum Schutze der Glaubensgenossen" in türkisch-serbische Auseinandersetzungen ein und beendet den Krieg siegreich.

1878 Der Berliner Kongreß ordnet die Balkanverhältnisse neu. Bismarck betätigt sich als „ehrlicher Makler": Rumänien, Serbien, Montenegro und Bulgarien werden selbständig. Rußland erhält Bessarabien, Österreich die Verwaltung von Bosnien und der Herzegowina, England Zypern.
Die „Sozialistengesetze" verbieten in Deutschland die Tätigkeit der sozialistischen Bewegung.

Das erste Grammophon

1879 Deutschland und Österreich schließen den Zweibund, ein Verteidigungsbündnis.

1879–1884 Chile führt Krieg gegen Bolivien und Peru. Der Sieg sichert Chile das Weltmonopol für Salpeter.

1881 Frankreich erobert Tunis und stellt es unter seine Schutzherrschaft.
Deutschland, Österreich und Rußland schließen einen Verteidigungspakt (2. Dreikaiserbündnis, s. 1873).
Erste elektrische Straßenbahn von Werner von Siemens (s. 1866) in Berlin in Betrieb gesetzt.

Edison mit Glühlampe

1882 Italien tritt dem Zweibund (s. 1879) bei.
England besetzt Ägypten. 1883 erheben sich die strenggläubigen Mohammedaner unter ihrem „Mahdi" (Führer) gegen die englische Herrschaft. Der Aufstand dauert bis 1898 an.

1883–1889 Einführung der Sozialversicherung in Deutschland. Arbeitnehmer und Arbeitgeber beteiligen sich an den Kosten für staatliche Kranken-, Unfall-, Invaliditäts- und Altersversicherung.

1884–1885 Deutschland erwirbt Kolonien in Südwestafrika, Kamerun, Togo, Ostafrika und in der Südsee.

1885 Die Deutschen Gottlieb Daimler (1834–1900) und Karl Benz (1844–1929) bauen einen Kraftwagen mit Benzinmotor.

England besetzt Ägypten

1887 Zwischen Deutschland und Rußland wird ein geheimer „Rückversicherungsvertrag" geschlossen. Beide Mächte sichern sich im Fall feindlicher Angriffe wohlwollende Neutralität zu.
Mittelmeerabkommen zwischen Österreich, Italien und England zur Erhaltung des derzeitigen Besitzstandes.

1888 Heinrich Hertz (1857–1894), deutscher Physiker, entdeckt die elektromagnetischen Wellen.

1888–1918 Kaiser Wilhelm II. übernimmt nach dem Tode seines Vaters Friedrich III., der nur 99 Tage regierte, die Krone des Deutschen Reiches.

Heinrich Hertz

oben: Impression: Aufgehende Sonne; Gemälde von Claude Monet (1840—1926). Nach dem Titel dieses berühmten Bildes, das im Jahre 1874 in Paris ausgestellt wurde, bekam die neue Kunstrichtung „Impressionismus" ihren Namen. Die Bezeichnung war zuerst durchaus abschätzig gemeint, da die öffentliche Kritik die ihr ungewohnte Malweise ablehnte. Die Impressionisten (s. S. 181) bemühten sich, den unmittelbaren Eindruck einer Farbempfindung oder Bewegung wiederzugeben, indem sie verschieden nuancierte Farbtupfen nebeneinandersetzten und auf eine realistische Ausführung des Bildes verzichteten.

links: Titelblatt der ersten russischen Übersetzung des „Kapitals" von Karl Marx (s. 1848), erschienen in Petersburg, 1872.

Der Widerhall dieses Werkes bei den liberalen Kreisen Rußlands war gering, und der Gedanke, das Privateigentum abzuschaffen, fand zunächst keinen Beifall beim Volk. Erst durch Lenin, den Führer der Bolschewisten und Verfechter radikal sozialistischer Ideen (s. 1903, 1913), fand der Marxismus Verbreitung. Seine Thesen erhielten dogmatische Gültigkeit.

Bedeutende Vertreter der russischen Kunst des 19. Jahrhunderts:

oben: Peter Tschaikowsky (1840 bis 1893), der Schöpfer vielgespielter Sinfonien, Opern- und Ballettmusik.

links: Leo Tolstoi (1828–1910), der Verfasser von „Krieg und Frieden", „Anna Karenina" und anderen Meisterwerken der russischen Literatur. Er neigte in seinen Spätwerken zu einem religiösen Sozialismus.

rechts: Feodor Dostojewskij (1821 bis 1881), ein leidenschaftlicher Anwalt der „Erniedrigten und Beleidigten".

unten: Nicolai Rimskij-Korssakow (1844–1908) verarbeitete in seinen Kompositionen volkstümliches Liedgut mit westlichen Einflüssen.

Die „Fram" im Treibeis

Eole

Otto Lilienthal

Die Brüder Lumière

Erste Olympische Spiele

1890 Bismarck von Kaiser Wilhelm II. entlassen.

Wilhelm II. geht zum „persönlichen Regiment" über. Sein vorschnelles Handeln und unüberlegte Äußerungen führen Deutschland in die Isolierung. Ende des deutsch-russischen Rückversicherungsvertrages von 1887.

Luxemburg trennt sich von der Personalunion mit den Niederlanden und bildet einen selbständigen Staat.

Deutschland erhält von England die Insel Helgoland und gibt dafür u. a. Sansibar.

Der Engländer John Boyd Dunlop (1840—1921) erfindet den Luftreifen.

Am 9. 10. 1890 gelingt es zum erstenmal einem Menschen, dem Franzosen Clément Ader, mit einem mechanisch angetriebenen Flugapparat, der Eole, einige Sekunden in der Luft zu schweben.

1891 Otto Lilienthal (1848—1896), deutscher Ingenieur, unternimmt die ersten Gleitflüge mit einem Segelflugzeug.

1892 Rußland und Frankreich schließen eine Militärkonvention.

Der deutsche Ingenieur Rudolf Diesel (1858—1913) läßt den nach ihm benannten Verbrennungsmotor patentieren.

1894—1895 Japanisch-chinesischer Krieg. Im Frieden von Schimonoseki wird Korea selbständig. Japan erhält Formosa.

1894—1908 Sven Hedin (1865—1952), schwedischer Naturwissenschaftler, erforscht Zentralasien und Tibet.

1895 Die Brüder August und Louis Jean Lumière (1862—1954 u. 1864—1948) erfinden den Kinematographen. Erste öffentliche Filmvorführung 1896 in Paris (Pathé) und Berlin (Meßter).

Wilhelm von Röntgen (1845—1923) entdeckt die nach ihm benannten Strahlen. Stiftung des Nobel-Preises durch Alfred Nobel (s. 1867).

1895—1896 Der Norweger Fridjof Nansen (1861—1930) dringt mit der „Fram" bis 86°4' nördlicher Breite vor.

1896 Die Engländer versuchen einen Einfall in die Burenrepublik Transvaal, der von den Buren jedoch abgewehrt wird.

Die ersten Olympischen Spiele der Neuzeit finden in Athen statt.

1897 Dem Italiener Guglielmo Marconi (1874—1937) gelingt die Übertragung von Telegrammen auf drahtlosem Weg.

Zusammenstoß englischer und französischer Kolonialinteressen im Sudan. Bei Faschoda muß Frankreich sich zurückziehen („Faschoda-Krise").

1898 Deutschland beginnt unter dem Einfluß des Admirals von Tirpitz eine starke Kriegsflotte zu bauen.

Krieg zwischen den USA und Spanien, das die Philippinen abtreten muß. Kuba wird selbständig.

Das französisch-polnische Ehepaar Pierre und Marie Curie (1859—1906 u. 1867—1934) entdeckt das Radium.

Erster Flug der Brüder Wright

1899   Auf Einladung des russischen Zaren Nikolaus II. (1894–1917) findet im Haag die erste Friedenskonferenz statt. Zur Beilegung von Konflikten wird ein Internationaler Gerichtshof gebildet.

1899–1902   Burenkrieg. Die Burenfreistaaten (s. 1835) versuchen vergeblich, ihre Selbständigkeit gegenüber England zu wahren.

1900   König Humbert I. von Italien wird ermordet. Nachfolger ist sein Sohn, Viktor Emanuel III. (bis 1944).
Erster Flug eines von dem deutschen Grafen Zeppelin (1838–1917) konstruierten starren Luftschiffes.
Max Planck (1858–1947) entwickelt die Quantentheorie.

Sven Hedin in Zentralasien

1900–1901   Boxeraufstand in China gegen Ausländer und Missionare. Truppen der europäischen Großmächte, der USA und Japans werfen den Aufstand nieder.

1901–1910   Eduard VII. König von England. Nach dem Scheitern eines Versuches, sich mit Deutschland zu verständigen, bemüht sich Eduard, die anderen europäischen Großmächte für ein Bündnis zu gewinnen.

1902   Englisch-japanisches Bündnis gegen russisches Vordringen im Fernen Osten.

1903   Die russischen Sozialisten spalten sich in die gemäßigten Menschewiken und die radikalen Bolschewiken, deren Führung der seit 1900 im Exil lebende Wladimir Iljitsch Uljanow, gen. Lenin (1870–1924), übernimmt.
Die amerikanischen Brüder Wilbur und Orville Wright (1867–1912, 1871 bis 1948) fliegen mit einem selbstgebauten Motorflugzeug 12 Sekunden in der Luft.

Zeppelin

1904   Englisch-französische Verständigung (Entente cordiale) über die Wahrung der französischen Interessen in Marokko; Frankreich verzichtet dafür auf Einmischung in Ägypten.

1904–1905   Russisch-japanischer Krieg: Zusammenstoß der Interessen in Korea und der Mandschurei. Die Japaner erobern Port Arthur und vernichten die russische Flotte bei Tsuschima.

1905   Norwegen löst sich aus der Union mit Schweden und wird ein selbständiger Staat unter König Haakon VII. (1905–1957).
Albert Einstein (1879–1955), deutscher Physiker, entwickelt die Relativitätstheorie.

Albert Einstein

1905–1906   Erste Marokkokrise. Frankreich versucht, Marokko zu besetzen. Durch seine Landung in Tanger betont der deutsche Kaiser die Souveränität des dortigen Sultans. — Die Konferenz von Algeciras erkennt die Unabhängigkeit Marokkos an, doch zeigt sich bereits Deutschlands isolierte Stellung, da alle Konferenzteilnehmer gegen die deutschen Vorschläge stimmen.

1905–1907   Revolution in Rußland. Ursachen: Unzufriedenheit der Arbeiter und der liberalen Kreise mit der Fortsetzung des Krieges gegen Japan und dem autoritären Regiment des Zaren. Die Revolution wird niedergeschlagen, doch bewilligt Nikolaus II. eine Volksvertretung (Duma) und eine Agrarreform.

1906   Die englische Labour Party zieht ins Unterhaus ein.

Seeschlacht bei Tsuschima

unten: Henry Ford (s. 1913) auf seinem motorisierten Vierrad im Jahre 1904. Ford erkannte sofort die Bedeutung des neuen Verkehrsmittels und kam als erster auf den Gedanken der Serienproduktion, die die Verbreitung der Kraftwagen auf breiter Basis ermöglichen sollte. Nach mancherlei Versuchen und Fehlschlägen gelang es ihm, mit Hilfe rationeller Fertigungsmethoden preiswerte und zuverlässige Fahrzeuge herzustellen.

oben: Japaner stürmen die Festung Port Arthur im chinesisch-japanischen Krieg (s. 1894—1895). Der Grund des Krieges war die Expansionspolitik Japans, das Korea erobern wollte, welches auch China für sich beanspruchte. Rußland besetzte aus Protest gegen den Frieden von Schimonoseki Port Arthur (aus dem es die Japaner 1904/1905 wieder verdrängten), Deutschland das Gebiet von Kiautschou.

oben: Das französisch-polnische Ehepaar Pierre und Marie Curie, die Entdecker des Radiums (s. 1898), in ihrem Laboratorium. Beide erhielten 1910 den Nobelpreis für Physik.
unten: Englische „Suffragetten" werben in den Jahren vor dem Ersten Weltkrieg in den Straßen Londons für das Stimmrecht (= suffrage) der Frauen. Sie erhielten es 1918.

Untergang der „Titanic"

Peary am Nordpol

Rennwagen 1911

Chinesische Studenten demonstrieren

Panamakanal

1908 „Bosnische Krise": Österreich besetzt Bosnien und die Herzegowina. Bulgarien erklärt sich zum selbständigen Königreich.

1909 „Jungtürkische" Revolution: Sultan Abdul Hamid II. (1876—1909) wird entthront. Die Türkei erhält eine neue Verfassung.

Die Amerikaner Robert Peary (1856—1920) und Frederick Cook (1865—1940) streiten sich um den Ruhm, als erster den Nordpol erreicht zu haben. Cooks Angaben werden bezweifelt.

1910 Korea wird dem japanischen Reich angegliedert.

1911 Zweite Marokkokrise: Fez von den Franzosen besetzt. Deutscher Protest durch Entsendung des Kanonenbootes „Panther" nach Agadir. — Deutschland erhält für den Verzicht auf seine Marokkointeressen Gebiete in Zentralafrika.

Roald Amundsen, norwegischer Polarforscher (1872—1928), erreicht vor dem Engländer Robert Scott (1868—1912) den Südpol. Scott findet auf dem Rückweg den Tod.

1911—1912 Italienisch-türkischer Krieg, ausgelöst durch die italienische Annektion von Tripolis und der Cyrenaika.

Chinesische Revolution unter Führung Sun Yat-sens und Tschiang Kaischeks. Die Mandschu-Dynastie dankt ab; China wird Republik. Tibet und die Äußere Mongolei lösen sich von China.

1912 Der englische Kriegsminister Haldane versucht in Berlin eine deutschenglische Flottenverständigung herbeizuführen. Seine Mission scheitert.

Das damals größte und modernste Schiff der Welt, der englische Turbinen-Schnelldampfer „Titanic" (46 328 BRT), sinkt auf seiner Jungfernfahrt im Nordatlantik nach Zusammenstoß mit einem Eisberg. Über 1500 Menschen ertrinken.

1912—1913 Erster Balkankrieg: Montenegro, Serbien, Bulgarien und Griechenland verdrängen die Türkei fast ganz aus Europa. Albanien wird selbständig.

Zweiter Balkankrieg: Der Streit um die Verteilung der türkischen Beute entzweit die Sieger. Bulgarien muß einen großen Teil seiner Eroberungen an Serbien und Griechenland abtreten.

1913 Lenin (s. 1903) leitet von Krakau aus die kommunistische Zeitung „Prawda".

Niels Bohr (1885—1962), dänischer Physiker, entwirft ein Atommodell.

Die deutschen Chemiker Fritz Haber (1868—1934) und Carl Bosch (1874 bis 1940) entdecken das Verfahren zur Ammoniaksynthese aus Stickstoff und Wasserstoff.

Henry Ford (1863—1947) führt in seinen Autowerken das „fließende" Montageband ein.

1914 Der Panamakanal wird dem Verkehr übergeben (Baubeginn 1881; mehrfache Unterbrechungen).

Fließband in Detroit

bis 1914 Die Industrialisierung macht große Fortschritte und führt zu einem Wandel der Bevölkerungsstruktur. Während um 1880 noch über die Hälfte der Menschen in Deutschland auf dem Lande lebten, zählen 1910 schon fast ²/₃ zu den Stadtbewohnern. Gleichzeitig steigt die Einwohnerzahl der großen Nationen dank der besseren Lebenbedingungen stark an.

Die Kirchen sind Angriffen, sowohl von Naturwissenschaftlern (Charles Darwin, s. 1859, Ernst Haeckel, 1834—1919), als auch von Materialisten und Nihilisten (Karl Marx, s. 1848, Friedrich Nietzsche, 1844—1900) ausgesetzt. In der Philosophie gewinnt die geisteswissenschaftliche Betrachtungsweise in Deutschland an Bedeutung (Wilhelm Dilthey, 1833—1911). Sigmund Freud (1856—1939) beginnt die wissenschaftliche Erforschung des Seelenlebens.

Die Dichtung des Realismus wird in Frankreich vorbereitet von Honoré de Balzac (1799—1850), Stendhal (eigentlich Henry Beyle, 1783—1842), Gustave Flaubert (1821—1880) und gipfelt in den Romanen Emile Zolas (1840 bis 1902). In Deutschland gehören zu den realistischen Erzählern Wilhelm Raabe (1831—1910), Theodor Storm (1817—1888), Theodor Fontane (1819 bis 1898); in der Schweiz: Gottfried Keller (1819—1890), Conrad Ferdinand Meyer (1825—1898); in England: Charles Dickens (1812—1870) William Thackeray (1811— 1863). Philosophische und sozialkritische Einflüsse machen sich bemerkbar bei den Russen Leo Tolstoi (1828—1910), Feodor Dostojewskij (1821—1881), bei dem Norweger Henrik Ibsen (1828—1906) und im Naturalismus des Schweden August Strindberg (1849—1912) und des Deutschen Gerhart Hauptmann (1862—1946).

Der Impressionismus, von französischen Malern ausgehend [Edouard Manet (1832—1883), Claude Monet (1840—1926), Edgar Degas (1834—1917), Auguste Renoir (1841—1919), in Deutschland: Max Liebermann (1844 bis 1935)], findet auch in der Lyrik seinen künstlerischen Niederschlag; Frankreich: Charles Baudelaire (1821—1867), Arthur Rimbaud (1854—1891), Paul Verlaine (1844—1896), Edmond und Jules Goncourt (1822—1896, 1830 bis 1870); Deutschland: Detlev von Liliencron (1844—1909), Rainer Maria Rilke (1875—1926), Hugo von Hofmannsthal (1874—1929); Italien: Gabriele d'Annuncio (1863—1938); Rußland: Iwan Turgenjew (1818—1883).

Der Expressionismus sucht die inneren Kräfte der Dinge und Menschen bloßzulegen; in der Malerei: Paul Cézanne (1839—1906), Vincent van Gogh (1853—1890), Edvard Munch (1863—1944), Marc Chagall (geb. 1887); andere, z. B. Georges Braque (1882—1963), benutzen dazu geometrisierende Formen: Kubismus.

Die europäische Musik in der zweiten Hälfte des 19. Jahrhunderts wird gekennzeichnet durch das bürgerliche Konzert- und Opernleben. Italien tritt mit Giuseppe Verdis (1813—1901) und Giacomo Puccinis (1858—1924) Opern hervor; Deutschland mit Richard Wagner (1813—1883), Anton Bruckner (1824—1896), Johannes Brahms (1833—1897), Richard Strauß (1864—1949); Frankreich mit Georges Bizet (1839—1875), Hector Berlioz (1803—1869); Österreich mit Franz Liszt (1811—1886), Anton Dvořák (1841 bis 1904); Rußland mit Peter Tschaikowsky (1840—1893) u. a.

Charles Darwin

Franz Liszt

Kubismus

Expressionismus

oben: Eine Demonstration der Partei der „Jung-türken".

oben: Sigmund Freud, der Begründer der Psycho-analyse.

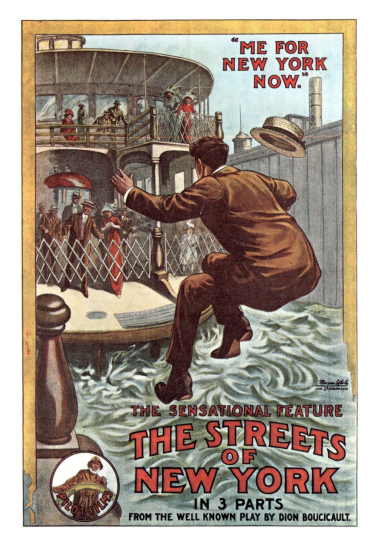

links: Van Gogh, Selbstbildnis.
Vincent van Gogh, 1853 in Holland geboren, wurde vor allem als Maler der Provence bekannt. In den glühenden Farben seiner Bilder ist die Lichtfülle der sonnigen südlichen Landschaft eingefangen. Van Gogh starb 1890 in geistiger Umnachtung.

unten: Cézanne, Selbstbildnis.
Paul Cézanne, 1839 in Aix-en-Provence geboren, kam durch Pissarro zum Impressionismus, von dem er sich aber in seinen späteren Werken entfernte. Seine Bilder zeichnen sich durch strenge Komposition und feine Farbabstimmung aus. Er starb 1906 in seinem Geburtsort.

linke Seite, außen: Amerikanisches Kinoplakat aus der Zeit von 1913—1915. Den ersten Kinematographen bauten die Brüder Lumière (s. 1895). Sie projizierten in Paris in einem öffentlichen Lokal einen knapp eine Minute dauernden Film über die Lumière-Werke. Der Film als Kunstwerk entstand mit Georges Meliès (1861—1938), der im Jahre 1896 das erste Filmstudio („Star-Film") errichtete.

linke Seite, innen: Modell aus einer Pariser Modezeitschrift, Jahrgang 1912. In dem Text dazu heißt es: Kostüm aus grauem Satin, schwarzer Strohhut. Zu Beginn unseres Jahrhunderts wird die weibliche Mode praktischer und gesünder; es kommt das Schneiderkostüm auf; die Schuhe mit den abgerundeten Spitzen haben niedere Absätze. Das Mieder ist nicht mehr wie früher eine „Folter".

Das Attentat von Sarajewo

Französisches Jagdflugzeug

Englischer Tank

Deutsches Ferngeschütz

Dadaismus

1914 28. Juni: Ermordung des österreichischen Thronfolgers Franz Ferdinand und seiner Gattin durch ein Attentat serbischer Nationalisten in Sarajewo.

23. Juli: Österreich-Ungarn stellt an Serbien ein Ultimatum, das die Mitwirkung österreichischer Beauftragter bei der Untersuchung gegen die serbische Nationalistengruppe fordert.

25. Juli: Serbien sagt Untersuchungen zu, lehnt aber österreichische Mitwirkung als verfassungswidrig ab.

28. Juli: Österreich-Ungarn erklärt Serbien den Krieg.

30. Juli: Russische Vollmobilmachung.

1. August: Deutschland erklärt Rußland den Krieg.

3. August: Deutschland erklärt Frankreich den Krieg und marschiert in Belgien ein. Dieser Schritt gibt England Veranlassung, am 4. August Deutschland den Krieg zu erklären. Weitere Kriegserklärungen folgen.

Deutsche Truppen dringen durch Belgien und Nordfrankreich vor. Französischer Gegenangriff an der Marne beendet den Bewegungskrieg.

Im Osten wird der russische Angriff durch die Kesselschlacht bei Tannenberg aufgehalten.

Blockade der deutschen Küste durch die englische Flotte. U-Boot-Krieg.

1915 Offensive der Mittelmächte (Deutschland, Österreich-Ungarn) im Osten führt zu großem Geländegewinn; Rußland wird jedoch nicht bezwungen.

Kriegseintritt Italiens auf der Seite der Westmächte, Bulgarien auf der Seite der Mittelmächte. Landung von französischen und italienischen Truppen bei Saloniki.

Die Versenkung des amerikanischen Dampfers „Lusitania" durch ein deutsches U-Boot führt zu Protesten der USA.

Deutsche Luftangriffe auf Paris und London.

Verlustreiche Landung englisch-französischer Streitkräfte bei den Dardanellen.

1916 Die westlichen Verbündeten wie auch die Mittelmächte suchen vergeblich die Entscheidung in Frankreich. Furchtbare Verluste in der „Hölle von Verdun" und in der Materialschlacht an der Somme. Erste Giftgasangriffe und Einsatz englischer Tanks.

Im Osten russische Offensive mit Teilerfolgen.

31. Mai: Entscheidungslose Seeschlacht im Skagerrak zwischen deutscher und englischer Hochseeflotte.

Kriegseintritt Rumäniens auf der Seite der Westmächte; schnelle Eroberung des Landes durch deutsche Truppen.

Ein Friedensangebot der Mittelmächte wird abgelehnt. — Friedensbemühungen des amerikanischen Präsidenten Wilson bleiben ohne Erfolg.

Schwere Hungersnot in Deutschland.

In der Schweiz entsteht der „Dadaismus", eine Kunstform, die sich die Rückkehr zum Primitiven zum Ziele setzt.

Die Oktoberrevolution

1917 Deutschlands uneingeschränkter U-Boot-Krieg führt zum Kriegseintritt Amerikas am 6. April.

Mitte März Ausbruch einer Revolution in Rußland und Bildung einer provisorischen Regierung, die den Krieg fortsetzen will. Lenin, der Führer der Bolschewiken (s. 1903), kehrt aus dem Schweizer Exil zurück und verkündet: „Frieden um jeden Preis!" — Abdankung des Zaren, der am 17. Juli 1918 mit seiner Familie erschossen wird.

Eine neue Friedensresolution des deutschen Reichstages (19. Juli) und die Friedensnote des Papstes (1. August) bleiben wirkungslos.

Erfolgreiche Oktoberrevolution der Bolschewiken unter Lenin und Trotzki: Ausrufung einer Russischen Sozialistischen Sowjetrepublik (UdSSR).

Englischer Tankangriff bei Cambrai hat nur vorübergehende Erfolge.

Finnland wird selbständige Republik.

Torpedierung eines Handelsschiffes

1918 Präsident Wilson verkündet sein 14-Punkte-Friedensprogramm (8. Januar).

Die Mittelmächte besetzen die Ukraine und zwingen die Sowjetunion zum Frieden von Brest-Litowsk (3. März).

Erfolgreiche deutsche Frühjahrsoffensive in Frankreich. Ab August muß jedoch die deutsche Frontlinie ständig zurückgenommen werden.

Zusammenbruch der österreichischen Südfront.

3. November: In Deutschland Marinemeuterei und Revolution. 8./9. November: Abdankung aller deutschen Fürsten und des Kaisers, der nach Holland ins Exil geht. In Berlin wird die Republik ausgerufen.

11. November: Deutschland nimmt die Waffenstillstandsbedingungen an.

Der Erste Weltkrieg fordert von allen Kriegführenden insgesamt rund 8 Mill. Tote und 19 Mill. Verwundete.

Ausdehnung des Weltkrieges

1919 Eine deutsche Nationalversammlung arbeitet in Weimar eine Verfassung aus. Deutschland wird am 11. August eine bundesstaaliche demokratische Republik. Erster Reichspräsident ist der Sozialdemokrat Friedrich Ebert (bis 1925). Deutschland ist gezwungen, den von den Siegermächten ausgearbeiteten Vertrag von Versailles anzunehmen (28. Juni). Elsaß-Lothringen kommt an Frankreich, Posen, Westpreußen und Oberschlesien an Polen, Nordschleswig 1920 an Dänemark. Die Kolonien werden Völkerbundsmandate. Deutschland muß Reparationszahlungen in noch ungenannter Höhe, Sachleistungen und Rüstungsbeschränkungen auf sich nehmen. Das Rheinland wird von den Westmächten besetzt und eine 50 km breite entmilitarisierte Zone am rechten Rheinufer geschaffen. Die USA lehnen den Vertrag ab und schließen mit Deutschland 1921 einen Sonderfrieden.

Clemenceau und Wilson

Dem englischen Physiker und Nobelpreisträger Ernest Rutherford (1871 bis 1937) gelingt die erste künstliche Atomumwandlung.

Der Völkerbund wird gegründet (Sitz: Genf). Er soll die Streitigkeiten der Staaten friedlich regeln. Die USA und UdSSR bleiben ihm fern; Deutschland ist vorerst ausgeschlossen.

Lebensmittelrationierung

links: Der englische König Eduard VII. (s. 1901–1910) besucht seinen Neffen Wilhelm II. 1901 in Berlin. Da eine Verständigung mit dem ihm persönlich unsympathischen jungen deutschen Kaiser ausblieb, förderte Eduard die Beziehungen zu Frankreich und Rußland.

rechte Seite, unten: Renault-Panzer, die von den französischen Streitkräften 1918 eingesetzt wurden. Die Panzer waren mit einem Maschinengewehr (Panzer im Vordergrund) oder mit einer 37-mm-Kanone (Panzer im Hintergrund) ausgerüstet.

unten: Plan der Marne-Schlacht (5.—12. September 1914). Der deutsche Vormarsch längs des Flusses wurde durch die französisch-belgischen Truppen unter dem Kommando des französischen Generals Joffre aufgehalten. Der deutsche Rückzug war der Beginn eines vierjährigen Stellungskrieges.

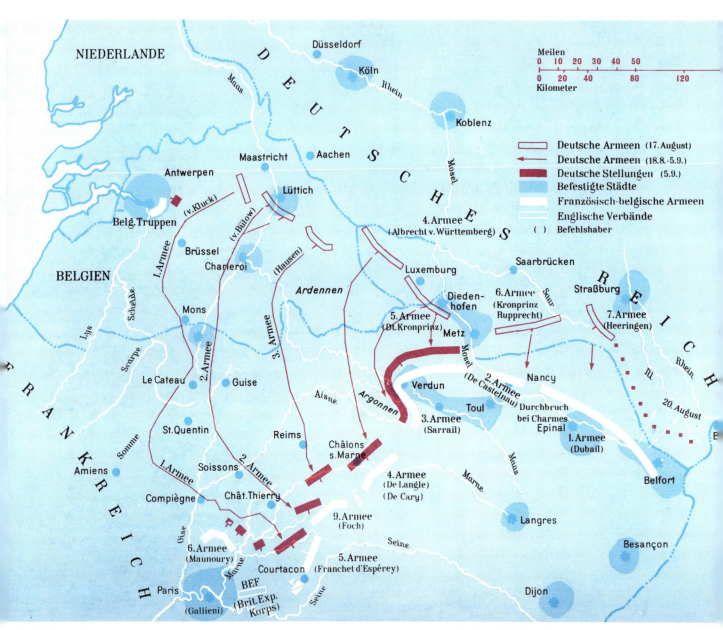

oben: Bei ihrem Gegenangriff an der Marne 1914 setzten die Franzosen die letzten Reserven ein. Unter anderem wurden 4000 Infanteristen mit schnell requirierten Taxis an die Front gebracht, wo sie noch entscheidend in die Kämpfe eingreifen konnten.

Atatürk läßt auf einer Reise
Schreibunterricht erteilen

Lenin

Trotzki

Der „Marsch auf Rom"

Feldherrnhalle in München

1919—1920 „Pariser Vorortverträge" mit den ehemaligen Verbündeten Deutschlands, (Österreich-Ungarn, Türkei, Bulgarien).
Auf dem Gebiet der ehemaligen Donaumonarchie entstehen mehrere Nachfolgestaaten (Österreich, Ungarn, Tschechoslowakei, Jugoslawien, Polen).

1920 In Deutschland scheitert der rechtsradikale Kapp-Putsch an dem von den Gewerkschaften ausgerufenen Generalstreik und am Widerstand der Beamten. Gegen kommunistische Aufstände in Mitteldeutschland muß Militär eingesetzt werden.

In Ungarn wird nach kurzer kommunistischer Diktatur der ehemalige Admiral Horthy zum „Reichsverweser" (1920—1944) gewählt.

Die von Trotzki organisierte Rote Armee beendet siegreich den Bürgerkrieg in Rußland gegen die Anhänger der alten Ordnung.

Mahatma Gandhi (1869—1948), Führer der indischen Unabhängigkeitsbewegung, ruft zum gewaltlosen Widerstand gegen die Engländer auf.

1920—1921 Russisch-polnischer Krieg. Im Frieden zu Wilna erhält Polen Gebietszuwachs im Osten.

1921 Die deutsche Reichsregierung erfüllt die Bedingungen des Versailler Vertrages. Diese „Erfüllungspolitik" ruft in Rechtskreisen heftige Kritik hervor. Minister Erzberger wird ermordet. — Kämpfe in Oberschlesien.

1921—1922 Türkisch-griechischer Krieg. Kemal Pascha vertreibt die Griechen und setzt den Sultan ab. 1923 Ausrufung der Republik; Hauptstadt: Ankara; Präsident: Kemal Pascha (1923—1938). Er modernisiert den Staat durch grundlegende Reformen und wird dafür Atatürk (= Vater der Türken) genannt.

1922 Benito Mussolini, der Führer italienischer Faschisten, marschiert mit seinen Schwarzhemden nach Rom und errichtet in Italien eine Diktatur (bis 1943).

Rapallo-Vertrag: Deutschland und die UdSSR verzichten gegenseitig auf Forderungen aus dem Krieg und nehmen diplomatische und wirtschaftliche Beziehungen miteinander auf.

Gründung des irischen Freistaates Eire.

1923 Französische Truppen besetzen das Ruhrgebiet zur „Sicherung produktiver Pfänder". Die deutsche Regierung entschließt sich zum passiven Widerstand. Beginn der Inflation. Rasches Anwachsen der Geldentwertung: Im Januar gilt 1 Dollar 8000 Reichsmark, Mitte November: 4,2 Billionen RM. Kommunistische Aufstände in Sachsen und Thüringen.

In München versucht der Führer der radikalen Nationalsozialistischen Deutschen Arbeiterpartei (NSDAP), Adolf Hitler, einen Putsch, der von Reichswehr und Polizei vor der Feldherrnhalle niedergeworfen wird.

Die Einführung der Rentenmark am 15. November und energische Sparmaßnahmen können die deutsche Währung wieder stabilisieren.

In Spanien überträgt König Alfons XIII. (1902—1931) dem General Primo de Rivera (1930 zurückgetreten) diktatorische Regierungsvollmachten.

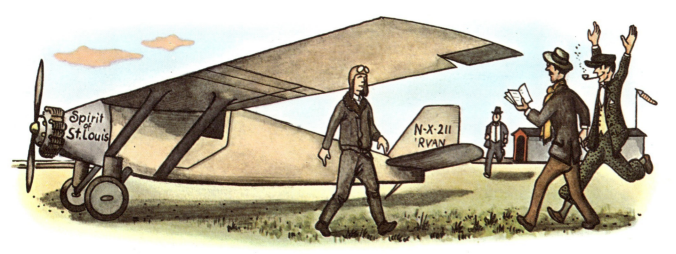

Charles A. Lindbergh nach der Überquerung des Atlantik

1923 Der deutsche Rundfunk strahlt auf Mittelwelle seine ersten Unterhaltungssendungen aus.

Graf Coudenhove-Calergie (geb. 1894) fordert in seiner Schrift „Paneuropa" die Vereinigten Staaten von Europa.

1924 Nach dem Tode Lenins wird der Generalsekretär der Bolschewiken, Josef Stalin, sein Nachfolger als Führer der UdSSR. Bis 1928 innere Führungskämpfe.
Trotzki wird verbannt (1940 in Mexiko ermordet).

Eine Sachverständigenkommission unter Leitung des Amerikaners Charles Dawes regelt die deutschen Reparationsleistungen nach der Zahlungsfähigkeit Deutschlands. Die USA gewähren Hilfskredite, um die deutsche Wirtschaft wieder in Gang zu bringen.

1925 Nach dem Tode Friedrich Eberts wird der ehemalige Generalfeldmarschall Paul von Hindenburg zum Reichspräsidenten gewählt.

Adolf Hitler (s. 1923) gründet die NSDAP neu.

Der deutsche Außenminister Gustav Stresemann und Aristide Briand, der französische Ministerpräsident, schließen den Locarno-Vertrag. Deutschland erkennt die bestehenden Westgrenzen an und verzichtet auf gewaltsame Grenzänderungen im Osten. Großbritannien, Italien, Belgien garantieren das Abkommen. Als Gegenleistung werden schnellere Rheinlandräumung und Deutschlands Aufnahme in den Völkerbund zugesagt. Das Rheinland bleibt entmilitarisiert. Eine deutsch-französische Verständigung aus dem „Geist von Locarno" wird von vielen Europäern ersehnt, von nationalistischen Kreisen in Deutschland und Frankreich jedoch bekämpft.

Die wirtschaftlichen Verhältnisse in Deutschland stabilisieren sich.

1926 Deutschland wird als vollberechtigtes Mitglied in den Völkerbund aufgenommen. — Stresemann und Briand wird der Friedens-Nobelpreis zuerkannt.

Freundschafts- und Neutralitätsvertrag zwischen Deutschland und der UdSSR.

Das Britische Reich wird in ein „Commonwealth" umgewandelt: Die Dominien treten gleichberechtigt neben das Mutterland.

In Polen erhält General Josef Pilsudski durch Staatsstreich diktatorische Vollmachten (er regiert bis 1935).

In Portugal errichtet General Oscar Carmona eine Militärdiktatur (1926 bis 1951).

1927 Charles A. Lindbergh (geb. 1902) überfliegt als erster allein den Atlantik in West-Ost-Richtung. Er braucht für die 5400 km lange Strecke 33½ Stunden.

In China bildet General Tschiang Kai-schek die Nanking-Regierung. Im Süden des Landes kommunistische Herrschaft unter Mao Tse-tung.

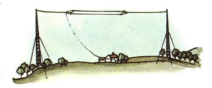

Rundfunk-Sendeanlage

Stalin

Briand und Stresemann

Pilsudski

Der Vertrag von Versailles (s. 1919) beendete den Ersten Weltkrieg.

links: Die Bevollmächtigten der siegreichen Großmächte zu Beginn der Verhandlungen: Wilson (USA), Clemenceau (Frankreich), Balfour (England) und Orlando (Italien). — *rechte Seite:* Die deutschen Delegierten. — *daneben:* Die Bevollmächtigen der Alliierten bei der Unterzeichnung des Friedensvertrages.

links: Avery Coonley House, Illinois, 1908 von dem amerikanischen Architekten Frank Lloyd Wright (1869 bis 1959) erbaut. Sein Grundsatz, ein Bauwerk organisch und im Einklang mit der natürlichen Umgebung zu planen und zu entwerfen, übte einen starken Einfluß auf die moderne Architektur aus.

rechts: Manifest Lenins aus dem Jahre 1921 mit den wichtigsten Punkten seiner Innen- und Außenpolitik: 1. Zurückweisung von kapitalistischen Täuschungsmanövern; 2. Steigerung des Warenaustausches; 3. Förderung der Industrie- und Landwirtschaft; 4. staatliche Hilfe für die unentwickelten Gebiete.

Die Weltwirtschaftskrise

Russische Schwerindustrie

Alexander Fleming

Fernschreiber von Hell

1928 Die UdSSR führt ihren ersten Fünfjahresplan zur Schaffung einer Schwerindustrie und zur Kollektivierung der Landwirtschaft durch.

Der Kriegsächtungspakt, angeregt durch den USA-Außenminister Frank B. Kellogg und den Franzosen Briand, wird von 62 Staaten unterzeichnet.

Der Engländer Alexander Fleming (1881—1955) entdeckt das Penicillin.

Der deutsche Ingenieur R. Hell erfindet den Fernschreiber.

1929 Im Lateranvertrag zwischen Italien und dem Heiligen Stuhl wird das Vatikangebiet als selbständiger Staat anerkannt.

Der Young-Plan legt die Summe der deutschen Reparationszahlungen bis 1988 fest. Die Franzosen versprechen, das ganze Rheinland bis zum 30. Juni 1930 zu räumen. Die Annahme des Planes ruft in Deutschland einen heftigen politischen Meinungsstreit hervor.

Kursstürze an der New Yorker Börse führen zu einer weltweiten Wirtschaftskrise und zu Arbeitslosigkeit („Schwarzer Donnerstag").

Trotz der wirtschaftlichen Schwierigkeiten erweisen sich die sogenannten „Goldenen Zwanziger Jahre" als außerordentlich fruchtbar und anregend. Sie werden gekennzeichnet durch starke Experimentierfreudigkeit auf den Gebieten der Malerei, der Dichtung, des Theaters und des Films. Am Weimarer „Bauhaus" wirken Walter Gropius (geb. 1883), Paul Klee (1879 bis 1940), Wassilij Kandinsky (1866—1944). In Italien: Luigi Pirandello (1867 bis 1936); in Spanien: Federico Garcia Lorca (1899—1936), José Ortega y Gasset (1883—1955); in Frankreich: Marcel Proust (1871—1922), André Gide (1869—1951), Jean Cocteau (1892—1963), Paul Claudel (1868—1955); in England: James Joyce (1882—1941), Georges Bernard Shaw (1856—1950), Thomas Stearns Eliot (1888—1965); in Deutschland: Thomas Mann (1875 bis 1955), Franz Kafka (1883—1924), Alfred Döblin (1878—1957), Martin Heidegger (geb. 1889), Max Scheler (1874—1928) u. a.

1930 Das deutsche Rheinland wird von den letzten Besatzungstruppen geräumt.

Der deutsche Reichskanzler Heinrich Brüning versucht, unter Ausschaltung des Reichstages die Wirtschaftskrise in Deutschland zu meistern. Er regiert aufgrund von „Notverordnungen", die der Reichspräsident nach § 48 der deutschen Verfassung billigt. Deutschland entwickelt sich zu einer Präsidial-Demokratie. Die Arbeitslosenzahl steigt auf 4,4 Millionen an. Starkes Anwachsen der Nationalsozialisten.

1931 Der Versuch einer deutsch-österreichischen Zollunion wird durch den Protest Frankreichs verhindert.

Großbritannien gibt die Goldwährung auf. Viele Länder folgen.

König Alfons XIII. von Spanien dankt ab. Spanien wird Republik.

Der amerikanische Präsident Herbert Hoover (1929—1933) schlägt den Aufschub aller internationalen Schuldzahlungen vor, um der Wirtschaft zu helfen.

Japan besetzt die Mandschurei, die 1932 ihre Selbständigkeit erklärt.

Japaner besetzen die Mandschurei

Demonstration der Radikalen

1932 In Deutschland führt die Wirtschaftskrise (über 6 Millionen Arbeitslose) zu einer politischen Radikalisierung. Die antidemokratischen Parteien besitzen im Reichstag die Mehrheit (Nationalsozialisten: 230 Sitze) und verhindern eine konstruktive Gesetzgebung.

Der 84jährige Hindenburg wird erneut Reichspräsident. Er ersetzt den Reichskanzler Brüning durch Franz von Papen.

Eine internationale Konferenz in Lausanne beschließt das Ende der Reparationszahlungen.

In Deutschland wird die erste Autobahnstrecke Köln-Bonn gebaut.

Mode um 1930

1933 30. Januar: Hindenburg beruft Hitler zum Reichskanzler. Nach Aufhebung verfassungsmäßiger Grundrechte und Erteilung von Sondervollmachten an die Regierung (24. März: Ermächtigungsgesetz) wird das Deutsche Reich in einen totalitären Einparteienstaat nach den Grundsätzen des Führerprinzips umgestaltet („Drittes Reich"). Rücksichtslose Verfolgung von Juden und politisch Andersdenkenden. Die Arbeitslosigkeit schwindet rasch infolge des Rückgangs der Weltwirtschaftskrise und zielstrebiger Arbeitsbeschaffung (Beginn einer Aufrüstung).

Japan verläßt den Völkerbund.

Deutschland verläßt den Völkerbund und die Abrüstungskonferenz.

1933–1945 Franklin D. Roosevelt Präsident der USA. Mit seinem New-Deal-Programm (Neuverteilung des Wohlstandes) beschreitet er den für die USA neuen Weg staatlicher Wirtschaftslenkung. Es gelingt ihm, durch großzügige Maßnahmen zur Arbeitsbeschaffung, durch Förderung der Landwirtschaft und Erschließung neuer Energiequellen die USA aus ihrer Krise herauszuführen.

Präsident Roosevelt

1934 Die UdSSR tritt dem Völkerbund bei.

Tod des deutschen Reichspräsidenten von Hindenburg. Hitler macht sich zum alleinigen „Führer und Reichskanzler". Er beseitigt die innerparteilichen Gegner (angebliche „Röhm-Revolte").

Ermordung des österreichischen Bundeskanzlers Engelbert Dollfuß durch Nationalsozialisten. Sein Nachfolger Kurt von Schuschnigg schlägt den nationalsozialistischen Putschversuch in Österreich nieder.

Das Ehepaar Frédéric und Irène Joliot-Curie (geb. 1900 u. 1897–1956) entdeckt die künstliche Radioaktivität.

Tennessee-Talsperre

Eine Stromlinienlokomotive der Borsigwerke erreicht eine Geschwindigkeit von 183 km/h.

1935 Der Völkerbundsrat beschließt die Rückgabe des Saarlandes an Deutschland gemäß dem Versailler Vertrag, nachdem sich 91 % der Bevölkerung dafür ausgesprochen hatten.

Hitler führt die allgemeine Wehrpflicht ein.

Stromlinienlokomotive

VIEW FROM TRINITY CHURCH, LOOKING DOWN WALL STREET WITH SKETCHES OF THE BUILDINGS ON EACH SIDE.
AND THE HEIGHTS
BROOKLYN

Der Hauptgrund für die Weltwirtschaftskrise von 1929 lag in der Überproduktion der amerikanischen Unternehmen: die Warenlager füllten sich mit unverkaufter Ware, die Fabriken begannen die Arbeitszeit zu kürzen und die Löhne zu verringern. Die Folge waren enorme Kursstürze der Aktienwerte. Am 24. Oktober, dem „Schwarzen Donnerstag", brach die New Yorker Börse in der Wall Street zusammen. Die Wirkung erstreckte sich über die ganze Welt, die mit den USA in Wirtschaftsbeziehungen stand. Viele Millionen Amerikaner und Europäer wurden arbeitslos.

oben: Ansicht der Wall Street aus dem 19. Jahrhundert.

unten: Arbeitslose stehen Schlange, um Unterstützung zu erhalten.

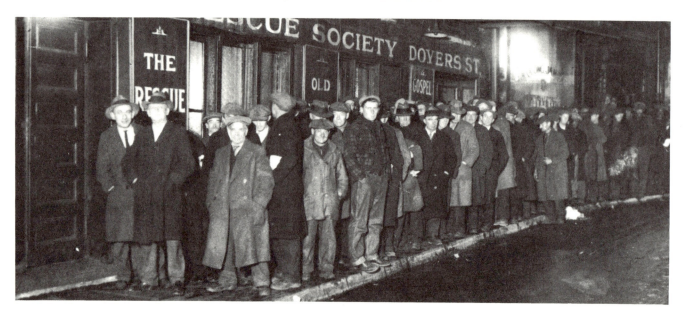

links: Am 29. Mai 1932 wurde in Holland der mächtige Damm eingeweiht, der die Nordsee von der Ijssel-See trennt. Er ist 30 km lang und 90 m breit. Seine Anlage dient nicht nur zum Schutz vor Überschwemmungen, sondern auch zur Gewinnung von Neuland.

unten: Igor Strawinskij; Skizze von Pablo Picasso. Der 1882 geborene russische Komponist, der 1939 amerikanischer Staatsbürger geworden ist, gehört zu den bedeutendsten geistigen Urhebern der zeitgenössischen Musik. Zu Beginn des Jahrhunderts wurde er durch die Ballette „Der Feuervogel", „Petruschka" und „Le sacre du printemps" (Frühlingsopfer) berühmt. Nach 1920 wandte er sich von der Programmusik ab, um aus Formen und Themen der älteren Musik Anregungen zu schöpfen. Seit 1952 steht er der Zwölftonmusik nahe, jedoch unter Wahrung seines eigenen charakteristischen Stils.

unten: Das von dem Engländer John Logie Baird (1888—1946) 1925 erfundene erste Fernsehgerät. Fernsehsendungen wurden in der Zeit von 1929 bis 1936 in England und Deutschland aufgenommen.

Spanischer Bürgerkrieg (Alkazar)

Fernsehstudio

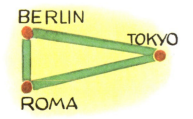

Der Antikominternpakt

Brennende Synagoge

Versuchsgeräte Otto Hahns

1935 Ein deutsch-englisches Flottenabkommen erlaubt Deutschland eine Seemacht von 35 % der englischen Flottenstärke.

Frankreich und die Sowjetunion schließen einen Beistandspakt.

Griechenland, seit 1924 Republik, wird wieder Monarchie.

Beginn regelmäßiger Fernsehsendungen in Berlin.

1935—1936 Italienisch-abessinischer Krieg. Die wirtschaftlichen Maßnahmen des Völkerbundes gegen Italien bleiben unwirksam. Deutschland unterstützt Italien. Abessinien unterliegt und wird von Italien annektiert.

1936 Hitler kündigt den Locarno-Vertrag (s. 1925). Deutsche Soldaten besetzen das entmilitarisierte Rheinland.

Japan verlangt die gleiche Flottenstärke wie England und die USA. Beginn eines Wettrüstens zur See.

Deutsch-italienischer Freundschaftsvertrag („Achse Berlin—Rom").

Deutschland und Japan schließen den Antikominternpakt, dem auch Italien 1937 beitritt.

Stalin erläßt eine demokratische Verfassung für die UdSSR, behält aber praktisch alle Macht in seiner Hand. In Schauprozessen entledigt er sich der Opposition. Zahlreiche Sowjetführer werden hingerichtet.

1936—1939 Bürgerkrieg in Spanien. Spanische Armee-Einheiten unter General Franco erheben sich gegen die von Kommunisten gebildete Volksfrontregierung. Deutschland und Italien senden General Franco militärische Hilfe. Frankreich, UdSSR, England und USA unterstützen die Volksfrontregierung. Der grausam geführte Bürgerkrieg endet mit dem Sieg Francos.

1937 Ausbruch des japanisch-chinesischen Krieges.

1938 Militärische Besetzung Österreichs durch deutsche Truppen und Anschluß an das Reich. Eine Volksabstimmung ergibt eine starke Mehrheit für den Anschluß.

Münchner Abkommen: England, Frankreich und Italien stimmen der Angliederung des deutsch besiedelten Sudetenlandes an das Reich zu. Hitler erklärt, daß er keine territorialen Ansprüche mehr habe.

„Kristallnacht": Die Nationalsozialisten zerstören jüdische Synagogen und Wohnungen. Den Juden wird jede kulturelle und wirtschaftliche Betätigung verboten.

Otto Hahn (geb. 1879), deutscher Chemiker, entdeckt die Spaltbarkeit des Urankerns und schafft die Voraussetzung für die technische Ausnutzung der Atomenergie.

Die Funkmeßtechnik (Radar), bekannt seit 1904, wird besonders in Deutschland, Frankreich und England weiterentwickelt.

Die Nylon-Faser wird in den USA erfunden (in Deutschland folgt 1941 das Perlon).

Der Zweite Weltkrieg

1939 Hitler besetzt die Tschechoslowakei und wandelt sie in das „Reichsprotektorat Böhmen und Mähren" um. — Das Memelgebiet wird dem Deutschen Reich angegliedert.

Die Westmächte bringen durch Beistandsangebote an von Hitler bedrohte Staaten (Polen, Griechenland, Rumänien, Türkei) unmißverständlich zum Ausdruck, daß sie keine weiteren Gewaltaktionen dulden werden.

Italien annektiert Albanien. — Militärbündnis Deutschland—Italien.

Nichtangriffspakt zwischen Deutschland und der Sowjetunion. In einem Geheimzusatz werden die Teilung Polens und die Auslieferung der baltischen Staaten an Rußland beschlossen.

Hitler stellt territoriale Forderungen an Polen, die abgelehnt werden.

1. September: Ausbruch des Zweiten Weltkrieges. Einmarsch deutscher Truppen in Polen.

3. September: England und Frankreich erklären Deutschland den Krieg.

17. September: Russische Truppen besetzen Ostpolen.

1. Oktober: Die letzten polnischen Truppen kapitulieren. — Der von Deutschland besetzte Teil Polens wird deutsches „Generalgouvernement".

Ausbruch des russisch-finnischen Krieges.

Finnischer Spähtrupp

1940 Dänemark und Norwegen werden trotz Neutralität von deutschen Truppen besetzt; heftiger Widerstand, besonders in Narvik.

10. Mai: Deutscher Angriff auf die Niederlande, Belgien und Frankreich. Rascher deutscher Vormarsch; Rückzug der Engländer über Dünkirchen.

10. Juni: Italien erklärt Frankreich den Krieg.

22. Juni: Waffenstillstand mit Frankreich, das zum größten Teil von deutschen Truppen besetzt bleibt.

Luftschlacht um England mit schweren deutschen Verlusten.
Italienischer Angriff auf Griechenland, das sich erfolgreich wehrt.

Englischer Vorstoß in Nordafrika gegen die italienische Kolonie Libyen; Italien bittet um deutsche Waffenhilfe.

Der Einsatz von Radargeräten verändert die Taktik zur See und in der Luft.

Winston Churchill

1941 Deutscher Balkanfeldzug führt zur Eroberung von Jugoslawien und Griechenland.

Deutsche Panzertruppen unter General Rommel stoßen bis zur ägyptischen Grenze vor.

22. Juni: Deutscher Angriff auf die Sowjetunion. — Bündnis zwischen der Sowjetunion und Großbritannien; starke Hilfeleistungen der USA.

Roosevelt und Churchill verkünden die „Atlantik-Charta", die Ziele ihrer Politik für „eine bessere Zukunft der Welt" (u. a. keine Gebietsveränderungen gegen den Willen der beteiligten Völker, freie Wahl der Regierungsform, Freiheit von Furcht und Not).

Dezember: Erste erfolgreiche Gegenangriffe der Russen vor Moskau.

Radargerät an der englischen Küste

Panzer in der Wüste

Die schlechte Wirtschaftslage vieler Länder der Erde und ihre politische Zerrissenheit begünstigte das Aufkommen von Diktaturen. In Deutschland gelangte 1933 Adolf Hitler an die Macht, der Führer der Nationalsozialisten (s. 1923, 1933). Er führte das deutsche Volk bewußt in den Zweiten Weltkrieg. Das Bild links zeigt ihn in dem sogenannten „Führerhauptquartier" bei einer Lagebesprechung mit den Generalen Keitel und Jodl.

In Spanien errichtete General Franco nach seinem Sieg im Spanischen Bürgerkrieg (s. 1936—1939) eine Diktatur. *unten:* Falangisten, Angehörige der Franco-Truppen, führen eine Gruppe von gefangenen Gegnern ab.

ganz unten links: Benito Mussolini, der „Duce" der „Faschisten", herrschte seit 1922 (s. dort) in Italien. — *rechts:* Japanische Truppen greifen in dem 1937 ausgebrochenen Krieg gegen China feindliche Stellungen an. 1940 entstand in Japan ein totalitäres Regierungssystem in enger Anlehnung an Deutschland und Italien.

oben: Winston Churchill (1874–1965), der große Gegenspieler der Diktatoren, einer der bedeutendsten Staatsmänner der modernen Geschichte. Während seiner langen politischen Laufbahn (er war zwölfmal Minister) verfolgte er mit großer Entschlossenheit das Wohl seines Landes, auch in schwerster Zeit. Als Führer des britischen Kriegskabinetts in der Zeit von 1940—1945 bestimmte er an entscheidender Stelle den Verlauf der alliierten Operationen. 1953 wurde ihm der Nobelpreis für Literatur verliehen. Für seine Verdienste um die Förderung der europäischen Einigung erhielt er 1956 den Karls-Preis.

rechts: General Rommel, der „Wüstenfuchs", ein kühner und zäher Gegner der englischen Truppen in Nordafrika. 1944 befehligte er einen Teil der deutschen Armeen in der Normandie. Als er nach der Invasion ihre aussichtslose Lage erkannte, richtete er an Hitler die Aufforderung, den Krieg zu beenden. Nach dem 20. Juli 1944 wurde er wegen seiner Beziehungen zu den Widerstandskämpfern zum Selbstmord gezwungen.

Bombardierte Stadt

Pearl Harbour

Die Invasion

Berlin 1945

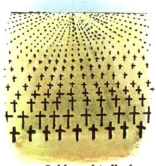

Soldatenfriedhof

1941 7. Dezember: Die japanische Luftwaffe vernichtet ohne vorherige Kriegserklärung die amerikanische Pazifikflotte bei Pearl Harbour (Hawaii).

8. Dezember: USA und England erklären Japan den Krieg.

11. Dezember: Deutschland und Italien erklären den USA den Krieg.

1942 Die Japaner erobern Singapur, Burma, die Philippinen, Guam, Celebes, Java und landen auf den Aleuten. Die japanische Niederlage in der Seeschlacht bei den Midway-Inseln leitet die Wende des Krieges im Pazifik ein.

Deutscher Angriff in Rußland bis zum Kaukasus und der unteren Wolga.

8. November: Englisch-amerikanische Landung in Marokko und Algerien zwingt das deutsche Afrikakorps zum Rückzug aus Ägypten. — Ganz Frankreich von deutschen Truppen besetzt.

Enrico Fermi (geb. 1901), italienischer Physiker, arbeitet in Amerika erfolgreich an der Ausnutzung der Atomenergie.

1943 31. Januar: Kapitulation der 6. deutschen Armee in Stalingrad; allmählicher Rückzug der deutschen Truppen.

Ab Frühjahr größere Luftangriffe der Alliierten auf deutsche Städte. Zunehmende Verluste der deutschen Zivilbevölkerung.

10. Juli: Landung der Alliierten in Sizilien und Italien. Mussolini wird gestürzt; Italien tritt auf die Seite der Alliierten.

Dezember: Konferenz zu Teheran zwischen Roosevelt, Churchill, Stalin. Eine Landung alliierter Truppen in Frankreich zur Entlastung der Russen wird zugesagt.

1944 Rückzug der deutschen Armeen an allen Fronten.

In Burma werden drei japanische Armeen vernichtet.

6. Juni: Landung der Alliierten in Nordfrankreich.

England wird mit deutschen Raketenwaffen (V-Waffen) beschossen.

20. Juli: Attentat auf Hitler. Der Umsturzversuch in Deutschland scheitert. Hitler nimmt grausame Rache.

Landung der Alliierten in Südfrankreich.

19. September: Finnland schließt mit der UdSSR Waffenstillstand.

1945 Januar: Russen dringen in Ostpreußen und Schlesien ein.

Februar: Konferenz in Jalta. Roosevelt, Churchill, Stalin beschließen die Besetzung und Aufteilung ganz Deutschlands.

März: Engländer und Amerikaner überschreiten den Rhein.

April: Roosevelt stirbt; Nachfolger wird Truman. Amerikanische und russische Truppen treffen sich bei Torgau. Mussolini wird von italienischen Partisanen erschossen. Hitler begeht im eingeschlossenen Berlin Selbstmord.

8. Mai: Kapitulation der deutschen Wehrmacht. — Auf den Schlachtfeldern, im Bombenhagel und in den Konzentrationslagern sind rund 30 Millionen Menschen umgekommen.

Wiederaufbau von Rotterdam

1945 Juni: In San Franzisko gründen Vertreter von 51 Staaten die Vereinten Nationen (UN), die Weltorganisation zur Sicherung des Weltfriedens.

Juli — August: Potsdamer Konferenz: Die siegreichen Alliierten teilen das ehemalige deutsche Reichsgebiet in vier Besatzungszonen auf und unterstellen es einem alliierten Kontrollrat, Berlin wird Viersektorenstadt. Große Teile Ostdeutschlands kommen unter russische und polnische Verwaltung, die deutsche Bevölkerung wird ausgesiedelt.

August — September: Atombombenabwürfe auf Hiroshima und Nagasaki zwingen Japan zur Waffenstreckung. Wenige Tage vorher besetzt die Sowjetunion die Mandschurei.

Atombombenexplosion

General de Gaulle schreibt in Frankreich Wahlen für eine verfassunggebende Nationalversammlung aus. Im Januar 1946 tritt er von der provisorischen Regierung zurück. Die Franzosen stimmen im Oktober der neuen Verfassung zu.

1945—1946 Bürgerkrieg in Griechenland zwischen Anhängern des im Exil lebenden Königs und Kommunisten. Die Kommunisten werden mit Hilfe englischer und amerikanischer Truppen besiegt, setzen aber ihren Widerstand im Norden des Landes noch bis 1949 fort.

1946 Nürnberger Prozesse gegen führende Männer Hitler-Deutschlands.

Flagge der UN

Mangel an Bedarfsgütern in ganz Europa. — In Deutschland Hungersnot und Demontage von Fabriken. Neubildung der Parteien. In der sowjetischen Besatzungszone werden KPD und SPD zwangsweise zur SED vereinigt. Der Großgrundbesitz wird entschädigungslos enteignet.

Italien wird Republik.

In Französisch-Indochina beginnt der Unabhängigkeitskampf der eingeborenen Bevölkerung.

1947 Die englische und amerikanische Besatzungszone in Deutschland schließen sich wirtschaftlich zur Bizone zusammen.

5. Juni: Marshallplan: Er gewährt den notleidenden europäischen Staaten finanzielle Hilfe zum Wiederaufbau ihrer Wirtschaft. Gründung der Organisation für europäische wirtschaftliche Zusammenarbeit (OEEC).

Care-Speisung

Jugoslawien, Albanien, Ungarn, Rumänien, Polen und die Tschechoslowakei erhalten kommunistische Regierungen.

Das Saarland wird dem französischen Wirtschaftsraum angegliedert.

Japan erhält eine neue Verfassung.

Indien und Pakistan werden selbständige Republiken, verbleiben aber im Commonwealth. Blutige Kämpfe zwischen Hindus und Mohammedanern.

1947—1949 Chinesischer Bürgerkrieg: Unter Führung Mao Tse-tungs erobern die Kommunisten im Kampf gegen Tschiang Kai-schek das chinesische Festland und errichten die chinesische Volksrepublik. — Formosa bleibt in der Hand der National-Chinesen.

Rotchinesen auf dem Vormarsch

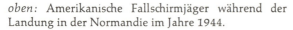

oben: Amerikanische Fallschirmjäger während der Landung in der Normandie im Jahre 1944.

unten: Benito Mussolini am 25. Juli 1943 nach seiner Befreiung durch deutsche Fallschirmjäger. Er war von dem faschistischen Großrat zur Abdankung gezwungen und verhaftet worden.

oben: Italienische Abwehrstellung mit leichtem Flakgeschütz an der afrikanischen Front.

rechte Seite: Die Trümmer von Nagasaki nach dem Abwurf einer amerikanischen Atombombe am 9. August 1945; ihr fielen rund 36 000 Menschen zum Opfer.

Der indische Ministerpräsident Nehru und Mahatma Gandhi

Gründung Israels

Luftbrückendenkmal in Berlin

Flagge der NATO

1948 Mahatma Gandhi wird von einem fanatischen Hindu ermordet.

Die Juden errichten in Palästina nach Abzug der englischen Besatzung den selbständigen Staat Israel. Die arabischen Staaten (Ägypten, Jordanien, Syrien) greifen Israel an. Die UN vermitteln einen Waffenstillstand.

Ende des alliierten Kontrollrats in Deutschland durch Ausscheiden des sowjetischen Vertreters.

Gründung der Westeuropäischen Union (WEU) in Brüssel durch England, Frankreich und die Benelux-Staaten (Belgien, Niederlande, Luxemburg).

20. Juni: Währungsreform in den Westzonen Deutschlands, drei Tage später auch in der Sowjetzone.

Berliner Blockade: Die russische Besatzungsmacht schneidet Berlin von der westlichen Zufuhr zu Lande ab. Die Westmächte versorgen die Stadt durch Lufttransporte bis Mai 1949 („Luftbrücke").

1. September: In Bonn tritt der Parlamentarische Rat zur Ausarbeitung einer Verfassung für Westdeutschland zusammen.

1949 Der amerikanische Präsident Truman verkündet sein „Punkt-Vier-Programm" zur wirtschaftlichen Förderung unterentwickelter Gebiete.

Die UdSSR und die Ostblockstaaten gründen einen Rat für gegenseitige Wirtschaftshilfe (Comecon).

Der Nordatlantikpakt (NATO) wird zur Sicherung des Westens von 12 Staaten abgeschlossen.

5. Mai: Gründung des Europarates durch die Benelux-Staaten, Dänemark, Frankreich, Großbritannien, Irland, Italien, Norwegen und Schweden. Später kommen Griechenland, die Türkei und die Bundesrepublik hinzu.

23. Mai: Gründung der Bundesrepublik Deutschland und Verkündung des Grundgesetzes. Vorläufige Hauptstadt ist Bonn.

30. Mai: Die sogenannte Deutsche Demokratische Republik wird in der sowjetischen Besatzungszone errichtet (Ministerpräsident: Otto Grotewohl, 1949—1964; Staatspräsident: Wilhelm Pieck, 1949—1960).

Wahlen zum ersten Bundestag: Dr. Konrad Adenauer wird Bundeskanzler (1949—1963), Professor Theodor Heuss Bundespräsident (1949—1959).

Die Volksrepublik China wird von den Kommunisten proklamiert (Präsident: Mao Tse-tung).

1950 Die Europäische Zahlungsunion (EZU) wird gegründet; sie wird ab 1958 durch das Europäische Währungsabkommen ersetzt.

Die Sowjetunion zündet ihre erste Atombombe.

1950—1953 Korea-Krieg: Ein Angriff des kommunistischen Nordkorea auf Südkorea macht militärische Gegenmaßnahmen der UN erforderlich. China unterstützt Nordkorea. Der Waffenstillstand von 1953 stellt den vorherigen Besitzstand wieder her.

1950—1954 Schwere Kämpfe französischer Truppen in Indochina (s. 1946).

Mao Tse-tung

Atomkraftwerk

1951　Die Bundesrepublik Deutschland wird Vollmitglied des Europarates.

Gründung der Europäischen Gemeinschaft für Kohle und Stahl (Montanunion) durch Frankreich, die Benelux-Länder, Italien und die Bundesrepublik Deutschland.

Die USA schließen mit Japan einen Friedensvertrag.

England, Frankreich und die USA erklären den Kriegszustand mit Deutschland für beendet.

1952　Tod König Georgs VI. von England; Nachfolgerin wird Elisabeth II.

Der „Deutschlandvertrag" regelt die Beziehung der drei Westmächte zur Bundesrepublik Deutschland.

Die erste englische Atombombe wird erprobt.

1953　General Dwight D. Eisenhower wird Präsident der USA (1953—1961).

Josef Stalin gestorben; der Kampf um die Nachfolge in der russischen Führungsspitze beginnt. Nikita Chruschtschow wird Sekretär des Zentralkomitees, später auch Ministerpräsident (1958—1964).

Ägypten wird Republik. Oberst Nasser seit 1954 Ministerpräsident, 1956 Staatspräsident.

17. Juni: Aufstand in Ostberlin und Mitteldeutschland gegen das kommunistische Regime. Sowjetische Besatzungstruppen unterdrücken die Volkserhebung.

1954　Viermächtekonferenz in Berlin zur Wiederherstellung der deutschen Einheit scheitert an der Weigerung der UdSSR, freie Wahlen durchzuführen. Die sogenannte DDR wird von der Sowjetunion zu einem souveränen Staat erklärt.

Die Franzosen ziehen sich aus Indochina zurück.

Beginn des Aufstandes gegen Frankreich in Algerien. Die Kämpfe enden 1962 mit der Unabhängigkeit Algeriens.

In Manila wird der Südostasien-Vertrag (SEATO) von acht Mächten zur Abwehr der kommunistischen Expansion geschlossen.

Das erste Atomkraftwerk der Welt entsteht in der Sowjetunion. Die USA nehmen ihr erstes Atomkraftwerk 1957 in Betrieb.

1955　Die Bundesrepublik Deutschland wird souveräner Staat und Mitglied der NATO (s. 1949).

Die Sowjetunion schließt ein Militärbündnis mit den Ostblockstaaten (Warschaupakt).

Österreich wird durch Staatsvertrag mit den Siegermächten souverän und zur Neutralität verpflichtet.

Die Bevölkerung des Saarlandes lehnt das vom deutschen und französischen Parlament gebilligte Saarstatut ab, das eine wirtschaftliche Bindung an beide Länder vorsieht.

Erste Europa-Flagge

Königin Elisabeth II.

17. Juni 1953

Chruschtschow

oben: Auf der Konferenz von Jalta im Februar 1945 fällen Churchill (links), Roosevelt (Mitte) und Stalin (rechts) weittragende Entscheidungen über die Zukunft Deutschlands.

Das Streben einstiger Kolonialgebiete nach Unabhängigkeit sowie die Spannungen zwischen Ost und West bestimmen die Weltpolitik zwischen 1945 und 1965.

unten links: Der britische Vizekönig von Indien, Earl Mountbatten, überreicht am 15. August 1947 dem ersten indischen Ministerpräsidenten Nehru die Unabhängigkeitsurkunde (rechts: Lady Mountbatten).

rechts: In Korea führen die Volksrepubliken Nordkorea und China von 1950 bis 1953 Krieg gegen Streitkräfte der Vereinten Nationen, die dem angegriffenen Südkorea zu Hilfe kommen. Flüchtlinge aus dem Kampfgebiet.

Die gewaltigen Anstrengungen der Völker während des Zweiten Weltkrieges führen zu einem stürmischen Aufschwung der Technik, der größtenteils friedlichen Zwecken zugute kommt.

oben: Amerikanisches Atomkraftwerk in Dresden (Tennessee), ein Vorläufer zahlloser ähnlicher Anlagen auf der ganzen Welt.

unten: Die in britisch-französischer Gemeinschaftsproduktion entstandene „Concorde", zusammen mit der sowjetischen „TU-144" das erste Überschall-Verkehrsflugzeug. Beide Maschinen ähneln einander sehr und wurden 1972 auf der Luftfahrtausstellung in Paris vorgestellt.

Aufstand in Ungarn (Budapest)

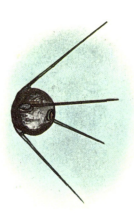

Sputnik I

EWG
EFTA

EWG und EFTA

Atom-U-Boot unter dem Nordpol

1956 XX. Parteitag der KPdSU in Moskau: Beginn der Entstalinisierung.
Die Bundesrepublik führt die allgemeine Wehrpflicht ein.
Arbeiterunruhen in Polen. Polen erhält eine gewisse Selbständigkeit.
Oktober/November: In Ungarn bricht ein Volksaufstand aus. Gefordert wird eine frei gewählte Regierung. Die Erhebung wird von russischen Truppen blutig niedergeschlagen, nachdem die Aufständischen vergeblich auf westliche Hilfe gehofft hatten.
Suez-Krise: Nach Verstaatlichung der Suezkanal-Gesellschaft durch Ägypten greifen England, Frankreich und Israel Ägypten an. Sie müssen aber unter dem Druck der USA und Rußlands ihre Truppen zurückziehen.

1957 Das Saarland wird aufgrund des deutsch-französischen Saarvertrages der Bundesrepublik Deutschland politisch eingegliedert. Die volle wirtschaftliche Angliederung folgt am 6. Juli 1959.
Ghana wird ein selbständiger Staat.
Die Staaten der Montanunion (s. 1951) gründen eine enge europäische Wirtschaftsgemeinschaft (EWG und Euratom).
Der erste künstliche Erdsatellit, Sputnik I, wird von der UdSSR gestartet.

1958 Explorer I, erster Erdsatellit der USA.
Ende der IV. Republik in Frankreich. Eine Volksabstimmung billigt die Verfassung der V. Republik. De Gaulle wird Staatspräsident.
Die französischen Kolonialgebiete werden Republiken innerhalb der „Französischen Gemeinschaft", der sich nur Guinea nicht anschließt.
Ein amerikanisches Atom-U-Boot unterfährt die Eiskappe des Nordpols.

1959 In Kuba errichtet Fidel Castro einen kommunistischen Staat.
Die erste russische Mondrakete Lunik I verfehlt ihr Ziel und umkreist als erster künstlicher Planet die Sonne. Lunik II prallt auf dem Mond auf. Lunik III funkt Bilder von der Rückseite des Mondes zur Erde.
Pionier IV, erster amerikanischer Planet.
Heinrich Lübke wird deutscher Bundespräsident.
Gründung einer Europäischen Freihandelszone (EFTA) von sieben nicht an der EWG beteiligten europäischen Staaten (Dänemark, Großbritannien, Norwegen, Österreich, Portugal, Schweden, Schweiz).

1960 Eine große Zahl afrikanischer Kolonialstaaten erklärt ihre volle Unabhängigkeit. Die Industrieländer versprechen Entwicklungshilfe.
Frankreich bringt seine erste Atombombe zur Explosion.

1961 John F. Kennedy wird Präsident der USA.
Der Russe J. Gagarin umkreist die Erde in einer Weltraumkapsel.
13. August: In Ost-Berlin wird eine Mauer errichtet, um die Massenflucht aus dem sowjetisch besetzten Gebiet zu verhindern.
Erstes deutsches Atomkraftwerk (in Kahl/Main) in Betrieb.

Entwicklungshilfe in Afrika

1962 Die USA starten den ersten Fernsehsatelliten Telstar.
Papst Johannes XXIII. eröffnet das 2. Vatikanische Konzil.
Kuba-Krise: Die USA erzwingen den Abbau russischer Raketenstellungen
auf Kuba.

1963 Frankreich und die Bundesrepublik schließen einen Freundschaftsvertrag.
Papst Johannes XXIII. stirbt. Die Kardinäle wählen den Erzbischof von
Mailand zum Nachfolger, der den Namen Paul VI. annimmt.
Die USA und die Sowjetunion beschließen in Moskau einen Vertrag über
die Einstellung von Atomwaffenversuchen.
Adenauer tritt als Bundeskanzler zurück; Nachfolger: Ludwig Erhard.
November: Präsident Kennedy ermordet; Nachfolger: Lyndon B. Johnson.

1964 Tod des indischen Ministerpräsidenten Nehru.
Nach dem Sturz Chruschtschows wird Leonid Breschnew Sekretär des
Zentralkomitees der KP.
China erprobt seine erste Atombombe.

1965 Tod des langjährigen britischen Ministerpräsidenten Winston Churchill.
Die seit 1956 ständig verstärkte Tätigkeit kommunistischer Partisanen des
Vietkong in Südvietnam bricht in einen offenen Krieg aus, in den Truppen
Nordvietnams auf seiten des Vietkong und die USA zur Unterstützung
der Regierung Südvietnams eingreifen.
2. Vatikanisches Konzil beendet.

Weltraumrakete beim Start

1966 Frankreich zieht seine Truppen aus der NATO zurück.
CDU und SPD bilden eine Regierung unter Kurt Georg Kiesinger (CDU).

1967 Tod Konrad Adenauers; er war von 1949 bis 1963 Bundeskanzler.
In einem sechstägigen Feldzug zur Abwehr arabischer Kriegsdrohungen
besetzt Israel unter anderem die Sinai-Halbinsel, Westjordanien und die
Altstadt von Jerusalem. Die Großmächte erzwingen einen Waffenstillstand.

1968 In der Tschechoslowakei versucht eine Gruppe von Reformern unter Alexander Dubček, einen „humanistischen Kommunismus" einzuführen. Auf
Betreiben der Sowjetunion besetzen Truppen des Warschauer Paktes (mit
Ausnahme Rumäniens) die Tschechoslowakei; die Reformer werden ent-
machtet.

1969 Richard M. Nixon wird Präsident der USA.
Gustav Heinemann wird zum Präsidenten der Bundesrepublik gewählt.
General de Gaulle tritt als Präsident der V. Französischen Republik zurück.
21. Juli: Die amerikanischen Astronauten N. Armstrong und E. Aldrin
betreten als erste Menschen den Mond.
Nach der Wahl des 6. Deutschen Bundestages bilden SPD und FDP eine
neue Bundesregierung unter Willy Brandt (SPD).
19. November: Amerikanischen Astronauten gelingt eine zweite Landung
auf dem Mond.

Besetzung der Tschechoslowakei

oben links: Während seiner kurzen Amtszeit (1960–1963) setzte sich der junge amerikanische Präsident John F. Kennedy energisch für die Gleichheit der Rassen, sozialen Fortschritt sowie Frieden und Freiheit ein. Im November 1963 fiel er einem Attentat zum Opfer.

rechts: Johannes XXIII. regierte von 1958 bis 1963; er gehört zu den bedeutenden Päpsten. Mit der Einberufung des 2. Vatikanischen Konzils (s. 1962) gab er den Anstoß zur Reform der katholischen Kirche; überdies förderte er die Bestrebungen um die Einheit der Christen.

unten links: Konrad Adenauer, der erste deutsche Bundeskanzler, war von 1949 bis 1963 im Amt. Er verankerte die Bundesrepublik im Bündnissystem der NATO und zählt zu den Schöpfern der Europäischen Gemeinschaft. Mit Präsident de Gaulle schloß er den deutsch-französischen Freundschaftsvertrag (s. 1963).

rechts: Der französische Staatspräsident Charles de Gaulle begründete 1958 die V. Republik. Während seiner Regierungszeit (1958–1969) wird Frankreich Atommacht, und seine einstigen Kolonialgebiete erlangen — größtenteils als Mitglieder der „Französischen Gemeinschaft" — die Selbständigkeit.

oben links: Am 21. Juli 1969 um 3.56 Uhr (MEZ) betrat der amerikanische Astronaut Neil Armstrong als erster Mensch den Mond, gefolgt von seinem Kameraden Edwin Aldrin. Beide waren vom Raumschiff „Apollo XI" aus mit der Mondfähre „Eagle" bereits am Vortage um 21.47 Uhr auf dem Erdtrabanten gelandet. Das Bild zeigt Aldrin neben einem der Tellerfüße des „Eagle".

rechts: Zwischen 1969 und 1972 landeten amerikanische Weltraumfahrer insgesamt sechsmal auf dem Mond. Beim Unternehmen „Apollo XV" führten sie 1971 erstmals ein Mondauto mit (rechts im Bild). Astronaut James Irwin salutiert vor der US-Flagge; hinter der Mondfähre „Falcon" das Gebirge der Apenninen.

unten links: Die Erde geht über dem Mondhorizont auf. Mitte: Die 384 000 km entfernte Erde wird durch die Grenzlinie zwischen Tag und Nacht nahezu halbiert. rechts: Auf dem Mond ist es Tag; dennoch bleibt der Himmel tiefschwarz, da es hier keine Lufthülle gibt, die auf der Erde die Streuung des Sonnenlichtes und somit die Blaufärbung des Himmels bewirkt.

Erster Besuch eines amerikanischen Präsidenten in China

Regierungsgespräche in Deutschland

Das Berlin-Abkommen

Bangla Desch — ein neuer Staat

1970 Die neue Bundesregierung erstrebt eine Verbesserung der Beziehungen zu den Staaten des Ostblocks:
Die Regierungschefs der Bundesrepublik und der DDR treffen in Erfurt und später in Kassel erstmals zu Gesprächen zusammen.
Bundeskanzler Brandt unterzeichnet in Moskau einen „Vertrag über Gewaltverzicht und Zusammenarbeit" zwischen der Bundesrepublik und der Sowjetunion.
Die unbemannte sowjetische Raumsonde „Luna 17" setzt erstmals ein Mondfahrzeug auf der Oberfläche des Erdtrabanten ab.
In Warschau wird ein Vertrag über die Anerkennung der Westgrenze Polens durch die Bundesrepublik unterzeichnet.

1971 Die vier Siegermächte des Zweiten Weltkrieges einigen sich über ein Berlin-Abkommen, in dem die Bindungen zwischen der Bundesrepublik und West-Berlin anerkannt, ungehinderter Transitverkehr garantiert und West-Berlinern die gleichen Reisemöglichkeiten in die DDR zugestanden werden wie Bürgern der Bundesrepublik.
Die Volksrepublik China wird in die Vereinten Nationen aufgenommen.
Krieg zwischen Indien und Pakistan. Pakistan verliert den Landesteil Ostpakistan, der als Bangla Desch ein selbständiger Staat wird.
Bundeskanzler Willy Brandt erhält den Friedensnobelpreis.

1972 Der amerikanische Präsident Nixon reist in die Volksrepublik China und leitet mit diesem Besuch einen Wandel in den Beziehungen der beiden seit dem Korea-Krieg (s. 1950–1953) verfeindeten Großmächte ein.
Mit dem Raumschiff „Apollo XVII" landen zum sechsten Mal amerikanische Astronauten auf dem Mond. Das erfolgreiche Unternehmen bildet den vorläufigen Abschluß der bemannten Mondflüge.

1973 Ein Waffenstillstandsabkommen beendet den Krieg in Südvietnam (s. 1965); alle ausländischen Truppen müssen das Gebiet verlassen.
Großbritannien, Irland und Dänemark treten der EWG bei, der nunmehr neun Staaten angehören; die Bezeichnung Europäische Gemeinschaft (EG) bürgert sich ein.
Der Deutsche Bundestag ratifiziert den Grundvertrag mit der DDR, in dem die Existenz zweier deutscher Staaten anerkannt wird.
Die Bundesrepublik und die DDR werden Mitglieder der UN.
Erneuter Ausbruch eines Krieges zwischen den arabischen Staaten (in erster Linie Ägypten und Syrien) und Israel. Die USA und die UdSSR erzwingen nach 19 Tagen einen Waffenstillstand.

1974 Ein Spionagefall im Kanzleramt veranlaßt Willy Brandt zum Rücktritt als Bundeskanzler; Helmut Schmidt übernimmt die Nachfolge.
Walter Scheel wird zum Präsidenten der Bundesrepublik gewählt.
Erstmals in der Geschichte tritt ein Präsident der USA zurück; durch diesen Schritt entzieht sich Richard M. Nixon einem drohenden Verfahren zur Amtsenthebung wegen Verletzung der Bürgerrechte. Neuer Präsident wird Gerald R. Ford.

UN-Gebäude in New York

1975 Die Regierung Südvietnams kapituliert vor der kommunistischen „Befreiungsarmee".

Die gekoppelten Raumschiffe Apollo und Sojus umkreisen die Erde beim ersten amerikanisch-sowjetischen Weltraumflug.

Die Regierungschefs aus 35 Staaten Europas und Nordamerikas treffen in Helsinki zusammen, um die Schlußakte der Konferenz für Sicherheit und Zusammenarbeit in Europa (KSZE) zu unterzeichnen, die den Abbau der Spannungen zwischen den Staaten der NATO und des Warschauer Paktes vorsieht.

1976 Am 20. Juli setzt die Landefähre der unbemannten amerikanischen Raumsonde „Viking 1" weich auf dem Mars auf; sie überträgt Farbaufnahmen und wissenschaftliche Daten von der Marsoberfläche.

Tod des Vorsitzenden der Kommunistischen Partei Chinas, Mao Tse-tung. Er war Begründer und zeitweiliger Präsident der Volksrepublik, die unter seiner Führung in den Kreis der Weltmächte aufstieg.

James Earl Carter wird zum neuen Präsidenten der USA gewählt.

Die Europäische Gemeinschaft

1977 Steigerung des – seit 1971 immer wieder aufflackernden – Terrorismus gegen die Bundesrepublik: Der Generalbundesanwalt und zwei prominente Persönlichkeiten der Wirtschaft werden ermordet.

Mit einer überraschenden Reise nach Israel unternimmt der ägyptische Staatspräsident Sadat den Versuch, die Beendigung des seit 30 Jahren andauernden Kriegszustandes zwischen Arabern und Juden herbeizuführen (s. 1948, 1956, 1967 und 1973).

1978 Tod des Papstes Paul VI.; sein Nachfolger Johannes Paul I. regiert nur 33 Tage. Erstmals seit 455 Jahren erlangt ein Nicht-Italiener die Papstwürde: Johannes Paul II. aus Polen.

Unter Vermittlung des amerikanischen Präsidenten Carter kommt es in Camp David zu einem Abkommen über die Beendigung des Kriegszustandes zwischen Ägypten und Israel, das sich zur Räumung der Sinai-Halbinsel verpflichtet.

1979 Professor Karl Carstens wird zum Präsidenten der Bundesrepublik gewählt.

Erste Direktwahl des Parlaments der Europäischen Gemeinschaft.

Sowjetische Truppen besetzen Afghanistan auf Ersuchen der kommunistischen Regierung des Landes.

KSZE-Schlußkonferenz in Helsinki (Finlandia-Halle)

1980 Griechenland wird als 10. Staat Mitglied der Europäischen Gemeinschaft.

Nach Streiks kommt es in Polen – erstmals im Bereich des Warschauer Paktes – zur Gründung einer unabhängigen Gewerkschaft („Solidarität"), die demokratische Reformen anstrebt.

Ronald Reagan wird zum Präsidenten der USA gewählt.

1981 Der ägyptische Staatspräsident Sadat wird ermordet.

Um den Einfluß der „Solidarität" (s. 1980) einzudämmen und einen wirtschaftlichen Zusammenbruch zu verhindern, übernimmt in Polen die Armee die Kontrolle des Staates.